口絵1　台湾パイワン族の檳榔実入れ袋（国立民族学博物館所蔵資料 H0167902）

口絵2　オセアニアの多様な釣り針（スタジオイットク撮影、公益財団法人千里文化財団提供）

口絵3　タカラガイの疑似餌で獲ったタコ（2011年、宮澤京子撮影、海工房提供）

口絵4　サメの手釣り（2012年、門田修撮影、海工房提供）

口絵5　パンノキの葉の凧を使ったダツ漁（2008年、宮澤京子撮影、海工房提供）

口絵6　フィリピンにおける筌の利用風景（辻貴志撮影）

口絵7　ココヤシの松明でトビウオを誘う夜の漁
（2008年、門田修撮影、海工房提供）

口絵8　ガウを首にかけたヤップ島の首長
（一九八〇年、印東道子撮影）

口絵9　ランガランガの婚資用貝貨（後藤
明撮影）

口絵10　儀礼に用いられる貝貨（門馬一平撮影）

口絵11　波除けと軸先板を装着したクラカヌー
（後藤明撮影）

口絵 12　先史琉球の貝製品（沖縄県立博物館・美術館提供）

口絵 13　帆走カヌーのココヤシロープ（2013 年、宮澤京子撮影、海工房提供）

口絵 14　チェチェメニ号（国立民族学博物館所蔵資料 H0004975）

口絵 15　多様な櫂（スタジオイットク撮影、公益財団法人千里文化財団提供）

口絵 17　ポリネシア・サモア諸島のダブルカヌー（国立民族学博物館所蔵資料 H0137714、小野林太郎撮影）

口絵 16　先史ミクロネシアの貝斧たち
1：レンゲル島 A2-27 遺跡、2 〜 4：グアム島ナトンビーチ遺跡、5：グアム島タロフォフォ採集品（全て山野ケン陽次郎撮影）

口絵 18　ソロモン諸島の戦闘カヌー（2012 年、門田
修撮影、海工房提供）

口絵 19　クランタン州の港に浮かぶコレック船
（Rohayzat 氏提供）

口絵 20　Lemo の壁龕墓（片桐千亜紀撮影）

口絵 21　パプアニューギニアの神像
つき椅子（国立民族学博物館所蔵資料
H0010329）

口絵 22　琉球王国時代の崖葬墓（宮古島長墓、片桐
千亜紀撮影）

モノからみる海域アジアとオセアニア
海辺の暮らしと精神文化

目次

装丁＝オーバードライブ・前田幸江

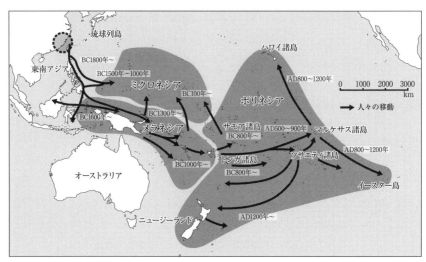

図1　オーストロネシア語族の主な移住ルートと移住年代
（企画展『海のくらしアート展―モノからみる東南アジアとオセアニア』リーフレットから抜粋）

装丁およびカラー口絵写真の出典

〈装丁写真〉
　　表：門田修撮影、海工房提供
　　裏：スタジオイットク撮影、公益財団法人千里文化財団提供

〈口絵写真〉提供：国立民族学博物館、H0…、K0…は国立民族学博物館所蔵資料番号

　口絵1：国立民族学博物館所蔵資料 H0167902
　口絵2：スタジオイットク撮影、公益財団法人千里文化財団提供
　　　　　サメとり用釣り針（H0124847）
　　　　　ベッ甲製釣り針（K0000573）
　　　　　釣り針（H0010177／H0162585／H0162586／K0000889／K0001062／K0001064／
　　　　　　　　H0081252／H0081248／H0081247／H0145931／H0145927／H0125166）
　　　　　釣鉤（K0000412／K0000568）
　口絵15：スタジオイットク撮影、公益財団法人千里文化財団提供
　　　　　儀礼用櫂（H0162458／H0162467）
　　　　　櫂（H0173469／H0173470／H0162499／H0162594／H0138462／H0168178）
　口絵17：国立民族学博物館所蔵資料 H0137714、小野林太郎撮影
　口絵21：国立民族学博物館所蔵資料 H0010329

はじめに
モノからみる東南アジア・オセアニアと海のある暮らし

小野林太郎

　日本の西南に隣接する東南アジア島嶼部と、東南に隣接するオセアニアは、世界でも最も島の数が多い地域だ。今から 4000 年前頃、南中国から台湾付近を起源とする人びとが、海を越えて東南アジアの島々を経てオセアニアの島々へと拡散した（図1）。言語学的にはオーストロネシア語群を話す人びとの祖先集団と考えられている。現在、オーストロネシア語群の起源地は、言語学からは台湾が第一候補とされているが、考古学の研究から台湾における文化は中国南部方面から波及した可能性が指摘されている。したがって、究極的なオーストロネシア語族の起源地は、中国南部を中心とする大陸部に求められるが、オーストロネシア語群の言葉が現在も話されている地域は、台湾以南となる。

　台湾でオーストロネシア語群の言葉を母語としているのは、台湾先住民（台湾における表現としては原住民）の人びとである。実際、台湾先住民の中には、南方系の顔立ちをもつ人びとが多く、その物質文化や慣習には東南アジア島嶼部やオセアニアのそれらとの高い共通性を示すものも少なくない。多様な貝を用いて、精巧な貝製装飾品を着飾る文化や、嗜好品として檳榔（キンマ）を噛む慣習などは、その好例であろう。檳榔はヤシ科の植物で、その実には人を酔わせる効能があることから嗜好品として古くから利用されてきた。通常、檳榔の実と粉上の石灰を一緒に噛んで利用することが多い。

　このため、檳榔噛みの風習がある地域では、各地で檳榔をいれる美しい保管具（写真1）や石灰の粉をいれる道具類が発達した（口絵写真1）。またフィリピンでは新石器時代の遺跡から、石灰が詰まった二枚貝が出土しており、檳榔噛みに利用されたものではないかと推測されている。オセアニアでも檳榔は広く好まれ、現在でもミクロネシアやメラネシアの各地で日々、嗜好されている。

　一方、オーストロネシア語族の人びとが移住・拡散した空間は、東南アジアの島嶼部からオセアニアへ広がる島世界である。島から島へと移動するには、海を渡らねばならない。このためオーストロネシア世界で

 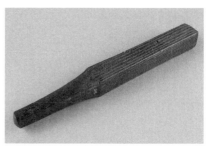

写真1　ニューギニアの檳榔用石灰いれ容器　　　　写真2　ハワイの樹皮布（タパ）製作用叩き棒
（国立民族学博物館所蔵資料 H0001323）　　　　　　（国立民族学博物館所蔵資料 K0001699）

は、海を渡る道具となる舟や船具も各地で製作・利用されてきた。また島とい
う限られた陸域では、陸上資源とともに海産資源が人びとの重要な食糧源のひ
とつとなってきた。このためオーストロネシア語族の人びとは、新石器時代に
さかのぼる移住初期から、ヨーロッパ人による大航海時代の接触期や植民地時
代を経て現代にいたるまで、海の暮らしと密接にかかわる多様で独自な文化や
精神世界を発展させてきた。この島世界に共通する物質文化には、釣り針や樹
皮布（タパ）の製作具（写真2）、カヌーなどの加工具となる石製や貝製の手斧（写
真3）など多数がある。

　本書はこうしたオーストロネシア語族の人びとが、海の暮らしの中で製作・
利用してきたモノたちに注目し、それらのモノを通して海域アジアからオセア
ニアへといたる海域世界に暮らしてきた人類の歴史や文化について検討・紹介
する。同時に本書で紹介するモノたちは、2022年9月〜12月にかけて国立民族
学博物館で開催された企画展『海のくらしアート展─モノからみる東南アジア
とオセアニア』で紹介された展示資料の中から厳選した。したがって本書は、
この企画展の成果をまとめたものともなっている。

　編者が所属する国立民族学博物館で開催されたこの企画展は、人類史的な視
点から海域アジア・オセアニアへと拡散したオーストロネシア語族集団の移動
や文化的多様性について紹介したイントロダクションのほか、(1) 漁具からみえ
る海洋生物とヒト、(2) 貝と装飾品の世界、(3) 舟造りにおけるアートな世界、(4)
海の生物・舟に象徴される人びとの精神世界 からなる 4 つのテーマより構成さ
れた。本書の構成も企画展と連動させ、4章での構成となっている。また実際の
展示では、総計 300 点の資料を紹介したが、本書ではこれらの中から特に重要
と考える資料や、幅広い世代の方々に関心や興味をもってもらえるような資料・

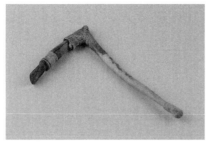

写真3　ニューギニアの石斧（国立民族学博物館所蔵資料 H0164833）

　テーマを選び、写真を交えてまとめたみた。よって、本書で紹介する資料の多くは、国立民族学博物館が所蔵する資料となっている。その多くは、19世紀後半から20世紀後半にかけて東南アジア島嶼部からオセアニアで収集された民族誌資料である。また比較の視点から、企画展では同じ島世界である琉球諸島で出土した貝製品なども、沖縄県立博物館・美術館や沖縄県立埋蔵文化財センターの協力により展示することができた。その多くは遺跡から出土した先史時代の考古遺物であるが、両地域の共通性と独自性を確認する上で、これらの比較資料がもつ意義は極めて大きい。そこで本書でもコラムにおいて、これら琉球諸島の先史時代に製作・利用された素敵な貝製品たちを紹介する。これらからは、同じ海域世界である東南アジアやオセアニアの貝製品との共通性、そして違いもみることができるであろう。
　島世界へ移住し、適応した人びとの豊かな知恵や技術、そして精神世界をぜひ堪能してもらいたい。

1章　漁具からみるヒトと海の生き物たち

1-1　オセアニアの釣り針と疑似餌針

小野林太郎

発掘からわかってきた釣り針の歴史

　オセアニアや東南アジアの海域世界における釣り針の歴史は人類史的にもかなり古い。ティモール島では1万年以上前にさかのぼる複数の貝製釣り針が知られる。なお現在のところ、世界最古の釣り針が発見されたのは日本の琉球列島で、沖縄島のサキタリ洞からは2万3000年前にさかのぼるニシキウズガイ科の貝を素材にした釣り針が出土している。形態的に類似する貝製釣り針は、ティモール島やその隣のアルー島でも発見されており、やはり2万年前頃までさかのぼる可能性がある。こうした釣り針の古さや共通性から、考古・人類学の世界では、両地域の人類史的な関係性に再び注目が集まりつつある。

　しかし様々な素材を用いて多彩な釣り針が登場するのは、新石器時代にオーストロネシア語族の人びとがオセアニアの各地に移住してからだ（口絵写真2）。釣り針は1つの素材から作られる単式釣り針（写真1）と、複数の素材をくみあわせる複合式釣り針（写真2）に大別することができる。素材としては真珠層が反射することで疑似餌にもなる貝がもっともよく使われてきたが、動物の骨や木材も積極的に素材として利用される。貝や骨は素材的にサイズが限定されてしまうが、木材の場合はかなり大型の釣り針も製作が可能となる。

民族誌が語るオセアニアの釣り針

　オセアニアの民族誌を紐解くと、大型のサメや深海魚を捕獲するために特別に製作された大型の釣り針は、木材製が一般的だった（口絵写真2）。国立民族学博物館が所蔵するこれらの木製釣り針は、いずれもかなり大型のもので、儀礼

写真1 ミクロネシア（ヌグール環礁）の単式 釣り針（国立民族学博物館所蔵資料 K0000412）

写真2 ポリネシア（西サモア）の複合式釣り 針（国立民族学博物館所蔵資料 H0145927）

用や飾りとして利用されたと推測されるものも含まれている。ここまで大きくなくても、全長3〜4メートルのサメは十分に捕獲できるが、かつてはかなり大型のサメを釣りで捕獲したこともあったのかもしれない。

　オセアニアでは、そのサイズや用途に合わせて利用できる素材には限りがあった。中型以上の哺乳類が生息していなかったハワイでは、人骨（おもに大腿骨）も利用されることがあった。人骨が素材として選ばれた文化的背景には、強力なマナ（霊力の一種）が骨にも残るとの信仰があったことも報告されている。つまり、強力なマナを持つ人骨には、魚をおびき寄せる力があるという認識もあったようだ。

　一方、民族誌資料として残るカツオ漁用の疑似餌針は、その軸部にきらきらと反射する真珠貝が主に利用され、針は別の素材の場合が多い（写真3）。こうした疑似餌針のうち、最も古いタイプはメラネシアからポリネシアへと最初に移住したオーストロネシア語族集団とされるラピタ人の残した遺跡群から出土した。ニューギニア離島のムサウ島や、ヴァヌアツのヴァオ島で出土したニシキウズガイ科のサラサバテイラ製の疑似餌針などがそうで、素材となる貝が一致している点も興味深い。

　なお考古遺物として出土しているのは、疑似餌針の軸（シャンク）の部分である。この軸の部分が光に反射し輝くことで、疑似餌として機能する。サラサバテイラにも真珠層があることや、平たくカーブする形状が、疑似餌針の素材として選ばれた理由であろう。これに対し、針の素材には木材や骨が利用された可能性が高いが、残念ながら遺跡からの出土は確認されていない。

写真3　ミクロネシア・カロリン諸島のカツ　写真4　メラネシアのカツオ漁風景（2012年、
オ漁用疑似餌針（国立民族学博物館所蔵資料　門田修撮影、海工房提供）
H0010129）

<h2 style="text-align:center">ラピタ人と疑似餌針</h2>

　ラピタ人が好んだサラサバテイラ製の疑似餌針は、なぜか移住初期のラピタ
期にしか発見されていない。考古学的にラピタ期とされるのは、ラピタ人が同
じく好んで製作・利用した精巧なラピタ式土器が出土する時期で、メラネシア
では3300 ～ 2500年前頃に相当する。その後、ラピタ人たちは共通性の高いラ
ピタ式土器を作らなくなり、移住した先々の島で独自の土器を作り出すように
なる。

　またこの頃より、ラピタ人による影響かニューギニア方面からメラネシアの
離島域への人びとの動きが活発化したようである。出土したラピタ人骨を対象
とした形質人類学や、DNA研究からは、ラピタ人が遺伝的にも見た目的にも台
湾先住民にもっとも近いことが確認されている。しかし、現在のメラネシア島
民は一般的にニューギニア島民やオーストラリアのアボリジニとの身体・遺伝
的共通性が高いのである。

　こうしたギャップの要因として、ラピタ期以降における人びとの新たな移住
や移動が人類・考古学的にも注目を浴びつつある。民族誌において知られる真
珠母貝製の疑似餌針も、この頃にメラネシアで出現した可能性が高い。またメ
ラネシアを中心にラピタ期以降に起こった新たな人びとの動きは、その周辺の
ミクロネシア東部やポリネシア西部へも波及したようだ。ミクロネシア東部へ
の人類の登場は、これまでの考古調査の結果から2000年前頃と考えられている。
この初期移住者たちの起源地は、言語学的にも物質文化的にもメラネシア方面

である可能性が高い。真珠母貝製の疑似餌針は、そのひとつの物質文化的な証拠として知られ、民族誌においてもミクロネシアの各地で知られてきた。

　ポリネシア西部に最初に移住したのはラピタ人で、サモアやトンガではラピタ人が残した遺跡が発見されている。しかし、そこから先の島々にラピタ人が移住した明確な痕跡は今のところまだ見つかっていない。クック諸島やマルケサス諸島で明確な人類の移住や居住痕跡が出てくるのは、1000 年前頃より後の時代なのである。さらにポリネシアの辺境に位置するハワイ諸島やラパヌイ（あるいはイースター島）、ニュージーランドに至っては 12 ～ 13 世紀頃とするのが、近年における考古学的な理解となっている。

　しかし、これらポリネシアの島々でも真珠母貝製の疑似餌針は広く製作・利用されてきたことが知られる。メラネシアが起源地とされるこの貝製疑似餌針は、ラピタ人を祖とするポリネシア人が各地へと移住する以前にサモアやトンガへと広がったと考えられるだろうか。なお、真珠母貝が生息していなかったニュージーランドでは、その代わりに同じく光沢の真珠層をもつアワビが好んで利用された。

疑似餌針とカツオ漁

　ではなぜ、この疑似餌針はここまで広くオセアニア各地に広がったのか。その答えは、オセアニアの島々で伝統的に重要な集団漁とされてきたカツオ漁にある（写真4）。回遊魚であるカツオは島を囲むサンゴ礁の外に位置する、やや深い海域の表層を群れで泳ぐ。カツオ漁は 1 隻で行われることもあるが、男子の成人儀礼のひとつとされることもあり、複数のカヌーを出す集団漁として行われるのが一般的であった。その捕獲手段として使われてきたのが、真珠母貝を軸の素材とした疑似餌針によるトローリング漁だった。真珠母貝が日光を反射する輝きが、カツオをおびき寄せ、軸に装着される針にかかるという仕組みである。真珠母貝製の疑似餌針にみられるその共通性の高さは、オセアニアにおいてカツオ漁がいかに重要だったかを改めて物語っているのである。

1-2　タカラガイの疑似餌によるタコ漁

宮澤京子

タカラガイの疑似餌とは？

　滑らかで光沢のあるタカラガイ（*Cypraea* sp.）の殻を小石にかぶせ、紐や小枝で尻尾を作り、ネズミに模した疑似餌（写真1）でタコを釣る漁がある。この漁法の特異さは、漁法の由来を語る民話が、広くポリネシア地域で流布されてきたことだ。民話の細部はヴァリエーションがあるが、海で溺れかけたネズミを救ったタコが、ネズミに恩を仇で返され腹を立てたという展開で、今でも怒りがおさまらないタコは、ネズミを見つけると襲いかかるという。だから擬似餌はネズミの形をしているのだ。

　民話の伝承は、東はハワイから西はトンガ、サモアまで広がっている。タカラガイを利用した擬似餌の利用は、インドネシアやフィリピンなど東南アジア海域でも行われているが、そこではタコがネズミを襲うという民話はなく、タカラガイの疑似餌をネズミと見立てることもないようだ。

サモアのタコ漁

　今もこの疑似餌でタコを釣っている漁師がいると、サモアの首都アピアの漁港で知った。早速、マノノ島に向かう。擬似餌漁を撮影するためだ。サンゴ岩の陰からタコが足を伸ばしてタカラガイに抱きつく瞬間を水中カメラに収めたかった。本当にタコはネズミに怒っているのか、民話と漁が一致した様子が見られるか、確認したかった。

　海辺に面した漁師の家に泊まり、まだ薄暗い早朝に擬似餌をカヌーに乗せ出発した。手漕ぎの小さなシングルアウトリガー・カヌーは、海底が砂地のところからサンゴ礁の上へと進む。タコの潜んでいそうな場所に着くと、漁師はネズミを海中に放った。片手で櫂をさばきながらもう一方の手で疑似餌を操る。テグスを握る手を上下に揺らし、あるいは止め、敏捷で気まぐれなネズミに見えるようランダムに動かす。前進したければ櫂を軽く漕ぎ、止まりたければ片

写真1　トンガのタコ漁用疑似餌（タカラガイ製）（国立民族学博物館所蔵資料 H0004948）

写真2　西サモアのタコ漁用疑似餌（国立民族学博物館所蔵資料 H0004948）

写真3　水中で音を鳴らしタコをおびきよせる疑似餌の風景（2011年、宮澤京子撮影、海工房提供）

　手で練り漕ぎカヌーの動きを抑える。櫂を置き、波に任せることもある。疑似餌もカヌーも動いたり止まったり、気まぐれに、いや、漁師の勘と狙い、判断で、浅いサンゴ礁の上で揺れ動く。

　サモアの擬似餌は、半球に割ったタカラガイの貝殻2枚を上下にずらして重ね、それを石にかぶせてネズミの胴体にする（写真2）。石は、沈子に適した重い火山性の石がいいそうだ。重ねた2枚の貝殻は、下はきつく、上は緩めに取り付ける。そうすれば、揺すするとカチャカチャ音がし、海中でネズミの鳴き声のように響いてタコが疑似餌に襲いかかるという。タコは本当にネズミの鳴き声を聴くのだろうか？　タコには聴覚があり、視覚も鋭いと、近年の研究で分かったそうだが（池田2022）。

　海に出て3時間経った。が、一向にタコが釣れる気配はない。タコがタカラガイに抱きつく瞬間を逃すまいと、小型の水中カメラを舷側から水につけっぱなし、スイッチも入れっぱなしだ（写真3）。突然、タコが海面に顔を出す。目視とタコが疑似餌に抱きついた感触から、漁師が一気にテグスを引いたのだ。タ

コはぴったりとネズミの擬似餌を抱えている。タコがタカラガイから手を放す前に、漁師はタコをむんずとつかみカヌーに投げ入れた（口絵写真3）。ビデオテープを巻き戻し、映像の確認をする。うーむ、画角にうまくタコが入っていない。再び挑戦。こうして3回の漁で3匹のタコ漁を撮影した。タコはまだネズミに怒っていた！この時の漁の動画は、国立民族学博物館「東南アジア・オセアニア—海辺のくらしと物質文化データベース」（https://ifm.minpaku.ac.jp/maritime/）で公開しているのでご覧いただきたい。

<h2 style="text-align:center">擬似餌の種類と歴史</h2>

　ハワイのタコ用擬似餌はサモアやトンガのものと作りが異なる。沈子にタカラガイを結びつけるのは同じだが、割ったタカラガイではなく、丸いままの完形を使用している。沈子の石はコーヒー豆のような形で（写真4）、タカラガイを結び、針を取り付けるための溝が掘られている。その形がコーヒー豆に似ているので、コーヒー豆型の沈子と呼ぶ。擬似餌の形態について、ハワイ型やサモア型という分類はないが、沈子の形で円錐形とコーヒー豆型に分けられる。

　もう1つの大きな違いは、ハワイの擬似餌にはタコが逃げないように鉤針がついている。サモアの擬似餌にはない。ハワイの擬似餌は、18世紀以降ヨーロッパ人によるコレクションが進み、世界各地の博物館に100年以上前のものが保存されている。それらの説明によれば、水深150〜200メートルのところでタコを捕獲していたようだ。引き上げる時間が長いため、釣り針が必要だったのだろう。人骨を用いた釣り針もあった。ハワイの貴族は、この擬似餌で釣果を競うタコ獲り競争をしたという。おかず獲りのタコ漁に、娯楽あるいはスポーツの要素が加わったのかもしれない。

　マルケサス諸島ウアフカ島のハネ遺跡で発掘された沈子の形に注目すると、遺跡の古い層からは円錐形の沈子が、新しい層からはコーヒー豆型が発掘されたという。このことから、割ったタカラガイに穴を開けて沈子に結びつけた形のものが古く、割らずに1つの貝をかぶせる方法が新しいとされている。

　最も古いとされるタカラガイの擬似餌は、マリアナ諸島で発掘された。今から3000年ほど前に、割った貝殻を石に結びつけた擬似餌が使われていたのだ（Carson and Hung 2021）。骨を土中に残さないタコは遺物が残らず、これまで、いつ頃から人類がタコを食用としていたかわからなかった。しかしマリアナ諸島での発掘は、タコが人類の海洋適応と共にすでに食糧とされていたことを明らかにした。ただし、現在のマリアナ諸島にはタコとネズミの民話はなく、ネズミ

写真4　ハワイのタコ漁疑似餌につかう沈子（石製）（国立民族学博物館所蔵資料 H0081133）　写真5　バンガイ諸島のサマ漁師が使うタコ漁のタカラガイ製疑似餌（中野真備撮影・提供）

自体の存在も10世紀頃までは確認されておらず、ネズミを模したタカラガイ疑似餌とは思えない。

　トンガでもラピタに関連した遺跡から、タカラガイの破片が発掘されている。これまで、根菜や果実の皮むき用と思われていた貝の破片が、使用痕の研究や穴の開き具合から、疑似餌に使われていたタカラガイではないかと見直された。こうした発掘例を見ると、タコ漁の擬似餌は人類の移動と共に拡散したのではないかと思われる。タカラガイの釉薬を塗った陶器のような輝きは、人類移動の歴史を語るのにふさわしくも見える。

東南アジアのタコ漁擬似餌

　タコを惹きつける貝殻や金属片などを水中で揺らし、タコを穴から呼び出す漁法は、世界各地で行われている。タコの視覚能力の高さや、縄張り意識の高さを利用した漁法だ。日本では磯場のイイダコ釣りにラッキョウを使う。渚を歩きながら小さなタカラガイを振り回しイイダコを誘引するのを、ソロモン諸島で見たこともある。

　インドネシアにもタカラガイを利用した擬似餌がある。中野真備（2020）の報告によると、バンガイ諸島のサマ漁師が使うタコ漁の疑似餌には2種類あり、1つは、半分に切ったスプーンとホシダカラを組み合わせてタコを模したものだという（写真5）。疑似餌を、縄張りを荒らす同類と認識させ、専用の釣り針でタコを釣り上げるのだ。金属片のスプーンは、水中の光を反射し、タコの気を引くだろう。なお、東南アジアにタコとネズミの民話はないようだ。

参考文献

池田　譲
　　2022　『タコのはなし―その意外な素顔』成山堂書店。
中野真備
　　2020　「インドネシア・バンガイ諸島のサマ人の外洋漁撈と空間認識」『アジア・ア
　　　　　フリカ地域研究』19（2）：184–206。
Carson, M.T and Hung, H. C.
　　2021　Let's Catch Octopus for Dinner: Ancient Inventions of Octopus Lures in the Mariana
　　　　　Islands of the Remote Tropical Pacific. *World Archaeology*（53–54）：599–614.

1-3　サメ釣り漁

小野林太郎

海域アジアとオセアニアのサメ利用

　東南アジア海域やオセアニアでは、サメも積極的に捕獲される。東南アジアの場合、サメの捕獲目的は自分たちで食べるよりも、フカヒレ交易のためという経済的背景がより強い。サメ類は外洋域により多く生息するため、海上を数日かけて移動し、サメ漁に従事する漁師もいるほどである。しかし、サメ肉を好んで食べる風習はあまりなく、捕獲されたサメは鰭のみを切り取られ、海に放棄されることが多い。フカヒレ市場の中心は中国にあり、日本産のフカヒレもそうであるが、海域アジアの各地で捕獲されたフカヒレたちは最終的には中国へと輸出されていく（鈴木1994）。

　一方、オセアニアの島々におけるサメ漁は、島民たちの日々の食糧確保が主な目的である。ただしサメ漁は、どの島でも行われている訳ではなく、サメを食べないという島も少なくない。しかし、現在はサメを食べないという島でも、発掘してみるとサメの椎骨や歯が出土する場合もある。この場合、先史時代にはサメを食べていたと考えられるが、島の面積が一般的に小さく、陸上資源に限りのあるオセアニアの島々では、サメも重要な食糧源だったのだろう。

　実際、1個体のサイズが大きいサメから得られる肉量は、他の魚と比べてもかなり多い。全長2メートルくらいのサメでもその重量は優に100キロを超える。先史時代の遺跡から出土するサメの椎骨には、その直径が2～3センチを超えるものが少なくないが、このサイズの椎骨を持つサメは全長2～3メートル以上におよぶ。つまりオセアニアでは、先史時代よりそれなりのサイズをもったサメたちが捕獲されてきたことになる。

民族誌からみるオセアニアのサメ漁

　そんなオセアニアのサメ漁には、民族誌を紐解くと、実にユニークなものが多い。その1つがココヤシ殻やマンボウガイ製の漁具（写真1）を海中で動かし、

写真1　西サモアのサメ釣り用音鳴らし具（ココ　　　写真2　ポリネシアのサメ用釣り針（国立民族
ヤシ製）（国立民族学博物館所蔵資料H0004917）　　学博物館所蔵資料H0162604）

音を立ててサメを誘い込んで釣るという漁法である。この海中で音がでる漁具
はインドネシア語では「ガラガラ」と呼ばれ、オセアニアだけでなくインドネ
シア東部の島々でも利用されてきた。その名の通り、ガラガラと音が鳴るのだ
が、これは音に敏感なサメの生態を逆手に利用した極めて機能的な漁具である。
　こうしたシンプルな漁具と手釣り漁の組み合わせで、全長2〜3メートルも
あるサメを1人で捕獲することも多く、その技術と知恵はまさに芸術的だ（口絵
写真4）。餌にはカツオなど血の気の多い大きめの魚が選ばれる。血の匂いに敏感
なのもサメの習性だが、人びとが日々の観察によってサメの生態を熟知してい
ることを物語っていると言えよう。
　一方、大型のサメを捕獲するのに必要なもう1つの漁具が釣り針となる。全
長2メートルを超えるサメとなると、その口もやや大きくなる。このため釣り
針の大きさも、軸の長さや幅が10センチを超える大型のものになることが多い。
現代では鉄や金属製の釣り針が主に利用されるが、金属製品が普及する以前、
オセアニアでは島で入手できる素材をつかって釣り針も製作・利用されてきた。
第1章の1節でも紹介したように、先史時代より釣り針の素材には、主に貝や
骨が使われてきた。しかし、これらの素材から製作できる釣り針はそのサイズ
に限界がある。このため、複数の素材を組み合わせる複合式釣り針も生まれた
わけだが、木材を素材にした場合、単式でもより大型の釣り針を生み出すこと
が可能となる。
　民族誌を紐解くと、オセアニアではこうした木製釣り針も製作・利用されて
いたことがよくわかる。とくに木製釣り針には大型のものが多く、貝や骨では
製作が難しい大型のサメや深海魚を狙う釣り針の素材として木材が愛用された
ことがうかがえる。国立民族学博物館にも、そうした大型の木製釣り針資料が

収蔵されているが、その幾つかはサメ漁にも使われた可能性がありそうだ（写真2）。ただ現在では、こうした木製釣り針を使っての漁はほぼ消滅しており、大型の木製釣り針はお土産用のクラフトや美術品として製作されることの方が一般的になりつつある。

　オセアニアには、その他のサメ漁として、カウボーイのようにサメの鼻先を狙って輪投げで捕獲する漁などもある。この場合、釣り針など必要なく、ココヤシ殻の繊維を撚って作られる紐があれば漁は成立する。植物繊維のみが素材であるため、こうした漁具は考古学的に残ることはほぼなく、遺跡から出土することもない。しかし、オセアニアの民族誌に頻繁に登場するこうした輪投げ漁は、先史時代から積極的に行われてきたのではないだろうか。

　ポリネシアのトケラウ諸島では、この輪投げ漁でサワラを捕獲することがあると聞いたこともある。サワラの場合は、鼻ではなく、頭から輪をくぐらせて尾の部分で引っ掛けるとのことだった。熟練した腕が必要で、誰でもできる漁でもないらしい。サメ漁もしかりであろうが、可能な限りシンプルな道具を有効に使い、最後は技で獲物を捕獲するところに、私たちサピエンスの能力や特徴を見出すことも出来そうだ。

ミクロネシア・ファイス島の先史サメ漁

　オセアニアにおける多数の島々の中で、歴史的にも長期にわたってサメ漁が活発に行われてきた島が、ミクロネシアのファイス島だ。ヤップ諸島の最北部に位置する小さな隆起サンゴ島であるが、これまでの発掘調査では大量のサメ椎骨や歯がその他の魚骨と共に出土してきた（Ono and Intoh 2011）。私も2005年の発掘に参加させてもらったのだが、約3メートルにおよぶ堆積層の下層から上層にかけてサメ骨は出土した（写真3）。ちなみに軟骨魚類であるサメの場合、考古学的に残るのは歯と椎骨のみで、軟骨となるその他の部位が出土することはまずない。しかし、ファイス島の先史遺跡から出土したサメ骨はかなりの数量で、各時代で最も多かった。1個体のサメには多数の椎骨や歯があるため、数が多いだけでサメが最も多かったとは言い切れない。

　しかし、出土したサメの椎骨からはメジロザメ科の数種類が混在していることが判明し、数種のサメが同時期に利用され、廃棄されてきたことも確認できた。また出土した椎骨のサイズ分析からは、その直径が2センチを超える大型のサメも多く、これらの推定全長は前述したように2〜3メートルともなる。オセアニアの民族誌に報告されてきたようなサメたちが、ファイス島では約

写真3　ミクロネシア・ファイス島での発掘風
景（2005年、小野林太郎撮影）

写真4　サメをカヌー小屋に並べる風景（2005
年、小野林太郎撮影）

写真5　サメ肉を分配する風景（2005年、小野
林太郎撮影）

2000年前の初期移住期から脈々と捕獲されては、食されてきたようだ。

現代ファイス島民によるサメ漁

　現代のファイス島民も日常的にサメ漁をしており、私の滞在中にも数人の男
たちがリーフの外へと出漁した。ファイス島のリーフ面積はかなり限られてお
り、リーフ内でも魚は捕れるが、1回の漁獲は限られている。サメ漁にでかけた
島の男たちは5匹のサメと共に戻ってきた。いずれもメジロザメ科のサメで、
サイズは比較的小さかったが、それでも村人が皆で食べられるだけの肉量が得
られた。水揚げされたサメは、村のカヌーハウス近くで解体され、分配された（写
真4・5）。共同で行われた漁による漁獲は、参加した男たちの家族や、村の世帯内
で共同分配されることが多い。その主な対象となるのがサメであり、他には共
同漁で大漁が見込めるカツオなどがある。
　ファイス島の先史遺跡から最も多く出土した魚骨も、サメとカツオの椎骨だっ
た。いずれもリーフの外が漁場となり、共同漁で捕獲されることが多い。現代

ファイス島民の暮らしや民族誌の記録を参考にする限り、先史時代のサメ漁も同じように行われてきたことが想像できる。少なくともファイス島における海での暮らしに、サメは欠かせない重要な生き物であり、それは今も続いている。

参考文献

鈴木隆史
　　1994　『フカヒレも空を飛ぶ―インドネシア・カランソン村のサメ漁民と食をファッション化した日本人』梨の木舎。

Ono, R. and M. Intoh
　　2011　Island of Pelagic Fishermen: Temporal Change of Prehistoric Fishing on Fais, Micronesia. *Journal of Island and Coastal Archaeology* 6: 255–286.

1-4　凧で魚をとる―ヒトの観察力とイマジネーション

秋道智彌

凧揚げ漁の秘密

　日本の正月で風物詩でもある凧揚げは、とんと見られなくなった。電線の多い場所が増えたことやスマホなどによる室内ゲームの普及にもよるのだろう。だが、凧を揚げて魚をとる地域がいまも地球上にある。それが電線も障害物もない海の世界、東南アジア・オセアニアである。カヌーで海に乗り出して、凧を揚げて魚をとる。のどかな風景と映るが、凧揚げ漁はけっこう技の要る作業をともなう。

　まず、凧揚げ漁のノウハウについて紹介しよう。凧の材料は植物の葉であり、大きな葉を1枚使う場合から、細長い葉を何枚も重ねてひごで固定して凧を作る場合までがある（写真1）。60〜80メートルの糸を凧につけて空高く揚げる。ここまではふつうの凧揚げとおなじである。

　つぎが凧揚げ漁のユニークな点で、凧から海面に届く長さ40〜50メートルほどの糸をもう1本垂らす。そして、この糸の他端に餌を取り付ける。餌としては、森林で集めたクモの巣を絡めたものか、サメ皮を使う。いずれも軽くて海面に浮かぶ。餌は凧の動きとともに微妙に海面ではねる。そこで魚が餌に喰いつくわけだ（口絵写真5）。

　ここで、対象となる魚に注目しておこう。というのも、どんな魚でもクモの巣やサメ皮に喰いつくのではない。表層魚であることに違いないが、口の小さなトビウオではクモの巣を飲み込むのは無理だ。大きな口をもつサメも、プカプカ浮かぶ数センチ程度の餌には眼もくれないだろう。

凧揚げ漁が対象とする魚類

　凧揚げ漁は、特異的にダツをねらう漁法である（図1）。というのは、体長1メートル以上にもなるダツは、細長い口吻と鋭い歯をもっている。もうお分かりだろう。ダツが餌に喰いつくと、クモの巣やサメ皮が歯にからまってしまう。暴

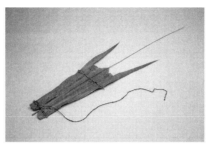

写真1　ソロモン諸島マライタ島ランガランガ
の凧（国立民族学博物館所蔵資料 H0098894）

れるダツが口のなかのからまる餌で難儀すると凧の動きが不自然になり、漁師
は魚が喰いついたことをとっさに察知する。そこですばやく凧を回収し、もう1
本の糸をたぐり寄せ、かかったダツを引き上げる。注意を要するのは、ダツの
取り扱いで、ダツの鋭い口吻が体に刺さることもある。

　凧揚げ漁は釣り漁の一種といえるが、対象がダツであることや、釣り針を使
わずにクモの巣やサメ皮を使う点が特徴であり、この漁法を考案した先人の知
恵に敬服してしまう。原理からすると、空に揚げた凧は「浮き」の役割をもつ。
凧の動きでダツが餌に喰いついたかどうかを瞬時に見極めることができるから
だ。凧揚げ漁は、凧を「空中の浮き」とした漁法であるともいえる。成功の秘
訣は、注意深く凧の動きを観察することに尽きる。

　グンカンドリの形をした凧を用いる例がソロモン諸島にあり、空から海中の
小魚をねらう海鳥を模倣した凧を使うことで、小魚を探す大型魚をねらうこと
ができると考える説もあるが、海中の魚が空を飛ぶ鳥と連携して餌の小魚をね
らうのかどうか、にわかには信じがたい。

凧揚げ漁の分布と凧の形

　では、凧揚げ漁の分布する地域と凧の形について、どのような傾向があるの
だろうか。すでに、東南アジア・オセアニアにおける漁具・漁法について文献
を元にした網羅的な研究が 1955 年に B・アネルによって出版されている（Anell
1955）。図1にアネルによる凧揚げ漁の分布地域を示した。一見して、凧揚げ漁
はミクロネシアのカロリン諸島、メラネシアのアドミラルティー諸島、ヴィチ
アス海峡からマッシム地域、サンタクルツ諸島を含むソロモン諸島に色濃く連
続的に分布することがわかる（図1）。東南アジアでは東インドネシアに見られる

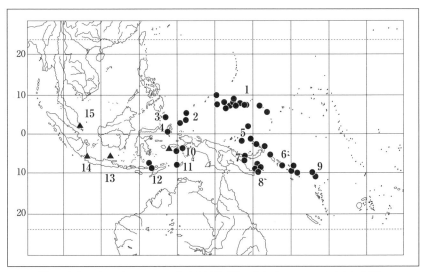

図1　東南アジア・オセアニアにおける凧揚げ漁の分布（Anell 1955 をもとに作図）

●：クモの巣 / サメ皮、▲：わな漁
1 カロリン諸島、2 パラオ南西離島、3 サンギル・タラウド諸島、
4 アンボン、5 アドミラルティー諸島、ニューアイルランド諸島、
6 ソロモン諸島、7 シアシ諸島、8 マッシム地域、9 サンタクルー
ズ諸島、10 アンボン、セラム、ギセール、11 ババル、12 フロレス、
13 バウェアン、14 ジャワ、スリブー諸島、15 シンガポール

が、オセアニアほど濃密な分布はない。

　もう少し細かくみると、ミクロネシアではカロリン諸島に濃密に分布するが、西部のヤップ、パラオ、マリアナ諸島などで凧揚げ漁はない。東部のコスラエ島、マーシャル諸島やギルバート諸島、ナウルにも凧揚げ漁はない。さらに東のポリネシア地域でも、凧揚げ漁の記録はまったくない。

　東南アジアでは、東インドネシアのセラム島、インドネシアのスラウェシ島とフィリピンのミンダナオ島の間にあるサンギル・タラウド諸島、ジャワ島と小スンダ列島、シンガポールに散見されるのみで、ボルネオ・スラウェシ、スマトラ島には見られない。しかも、東南アジアでは、餌の部分にわなを使う例がある。ライプチヒ民族学博物館には 13 種類のさまざまな形の凧が収蔵されており、多様な形の凧を見ることができる（Plischke 1922）。もっとも、凧を漁には使わないが、遊びとして使う地域は世界に広くある点も承知しておきたい。

写真2　凧揚げ漁に使われ
る着生シダの単葉（*Drynaria
quercifolia* sp.）（サンギル・タラ
ウド諸島にて秋道智彌撮影）

写真3　凧揚げ漁用のプラス
チック製凧（アンボンにて Dedi
S. Adhuri 撮影）

写真4　凧揚げ漁用のルアー（ア
ンボンにて Dedi S. Adhuri 撮影）

凧揚げ漁の実態と今後

　カロリン諸島の凧の材料は種子のないパンノキの大きな葉である。かつてパ
ラオの南西諸島の1つであるソンソロル島からパラオに移住していた住民に凧
の製作を依頼したことがある。凧自体は長さ50センチ、幅35センチで、カロ
リン諸島サタワル島で見たものとほぼおなじ形で、文献にあるファイス島の凧
とも類似している（Krämer und Damm 1937）。サタワル島で凧や凧揚げ漁はアッチャ
イグ（aecchaeyig）、凧用の種子のないパンノキはメアイ・ファーユ（maeifaiyiu）、獲
物のダツはターク（taak）と呼ばれる。

　ソロモン諸島マライタ島北東部の人工島に居住するラウの人びとは、細長い
サゴヤシの葉を重ねてひごで固定する複雑な手作業で凧を製作する。凧揚げ漁
はファファレハオラー（fafalehaolaa）と呼ばれ、ハオは「サゴヤシ」（の葉）を意味
する。凧には2種類あり、ソロクワキオ（ツノダシの意味）とボロ・ムー（ニザ
ダイの仲間の意味）と呼ばれ、両者とも長さ90センチ、幅30センチであった。

　サンギル・タラウド諸島では、凧に着生シダを用いる。長さは38センチ、幅
は32センチでやや小型である。ヤシの木の幹に着生する大型シダの単葉で片裂
があり、パンノキの葉に似ている（写真2）。ニューギニアのヴィチアス海峡にあ
るシアシやマンドック島ではさらに小型のフヨウ属の葉が用いられるが、この
場合、竿の先に凧を付けた糸を結んで使う（小林1982）。このほか、バナナ、タロ

イモ、ゾウゲヤシ、タコノキの葉などが使われる（Anell 1955; 秋道 1995, 2018）。

　伝統的な木の葉製凧にも変化が起こっている。東インドネシア・アンボンの漁撈民ブトンやハルマヘラ島西沖のテルナーテの漁民はかつて木の葉を凧に使ったが、現在はナイロン製の凧を使う（写真3）。木の葉より堅牢で水もはじくため長持ちするのだろう。しかも、餌としてゴム製イカのルアー（写真4）を使い、ダツではなくマグロをねらう。

　凧の材料や形から凧揚げ漁の文化史を探ることは、夢のある楽しい作業にちがいない。凧揚げ漁の分布は、東南アジアからオセアニアにおける民族移動の足跡をたどるヒントを与えてくれる可能性を秘めているからだ。

参考文献

秋道智彌
　　1995　『海洋民族学—海のナチュラリストたち』東京大学出版会。
　　2018　「海のエスノ・ネットワーク論と海民—異文化交流の担い手は誰か」小野林太郎・長津一史・印東道子編『海民の移動誌—西太平洋のネットワーク社会』38–65頁、昭和堂。
小林繁樹
　　1982　「パプア・ニューギニアのマンドック島民」『Little World News』17: 1–13。
Anell, B.
　　1955　*Contribution to the History of Fishing in the Southern Seas* (Studia Ethnographica Upsaliensia 9). Uppsala: Almqvist & Wiksells Boktryckeri AB.
Krämer, A. und H. Damm
　　1937　Zentralkarolinen. 1. Halbband: Lámotrek Gruppe-Oleai-Feis. In G. Thilenius (ed.), *Ergebnisse der Südsee-Expedition 1908–1910, II. Ethnographie: B. Mikronesien Band 10*, p.335. Hamburg: Friedrichsen, de Gruyter & Co.
Plischke, H.
　　1922　*Der Fischdrachen* (Veröffentlichungen des Städtischen Museums für Völkerkunde zu Leipzig. Heft 6). Leipzig: R. Voigtländers Verlag.

1-5　筌による罠漁

辻　貴志

筌とは

　筌（うけ）は、水中で生物を捕獲する目的で使用される罠の一種である。罠は、人がそばにいる必要がないので、釣り漁や網漁、そして突き漁よりも労力や技術を必要としない。そのため、着実に生物を捕える道具として古くから利用されており、狩猟具として世界中に分布している。罠の一種である筌も、世界中の海や川や水田で使用されている。

　筌の特徴を細かく分析すると、そこには人びとのくらしが垣間みえる。たとえば、筌の素材を調べれば、周辺の植物を知ることができるし、筌の大きさからターゲットとなる魚を予測することもできる。このように周辺環境や生きものと人間がどのように関わっているのかを知ることができるため、筌は研究対象としても注目されてきた（秋道 1989）。

　筌の持つ情報から大昔の環境や自然のめぐみを突き止められると主張する研究者もいる（Zayas 2022）。本節では、東南アジア島嶼部（おもにフィリピン）と大陸部（ラオス）で筌を研究してきた筆者の経験をもとに筌の特性を紹介しつつ（Tsuji 2013, 2022）、水辺でくらす人びとの文化に迫ってみたい。

筌はタンパク源を確保するためのテクノロジー

　人間が生きるうえでタンパク質は必要不可欠であるため、昔の人びとはタンパク源の確保に必死であったに違いない。そこで、水辺でくらす人びとは、生物を追い求める狩猟以外にもタンパク源を確保できるようにと、筌を開発したのである。筌で捕獲された生物は食糧として売りさばくこともできるので、余れば生活の足しにもなる。人びとは筌を仕掛けている時間を別のことに使えるため、筌を利用したほうが楽に生活できるのはいうまでもない。だからこそ、できる限り容易にタンパク源を得られるように筌は改良を重ねられてきたし、海域の漁民に限らず、河川域の農民も頻繁に筌を利用しているのである。

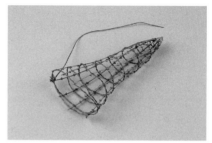

写真1　「カエシ」のあるマレーシアの筌（国立民族学博物館所蔵資料 H0172819）

写真2　フィリピンの棘筌（国立民族学博物館所蔵資料 H0008262）

　東南アジアでは、筌で捕獲された魚類や甲殻類、両生類が食されていて、今も人びととの重要なタンパク源として活用されている。なお、ラオスでは、タンパク源を確保する道具として利用される以外にも、お金や豊漁を想起させる縁起物として筌をモチーフにしたミニチュアを家や車内に飾る文化がある。

筌のカタチからみえる人類像

　筌は、手のひらに乗るような小さなものから数人で仕掛ける大きなものまで、捕獲する生物の習性や利用環境の特性に合わせて実に多様なカタチで使用されている。筌の多くは、内部に入り込んだ生物が逃げられないように「カエシ」がついているが（写真1）、これは人類の原初的な発明であると考えられている。フィリピンやニューギニアでは、ラタンの棘を利用して「カエシ」に見立て、小魚を狙う筌漁もある（写真2）。「カエシ」のない筌もあるが、これらは水流の勢いを利用して筌の内部に生物を閉じ込めるメカニズムになっていて、水辺でくらす人びとが獲物を逃さないように考えをめぐらせたことがわかる。

　東南アジアの筌は、その地域であればどこにでも生えているタケやラタンという植物が素材として使用されている。そして、ターゲットとなる生物に応じて、とっくり型、筒型、箱型をはじめ、きわめて個性的なカタチの筌が考案されており、そのカタチになった理由が明確にわかる点は興味深い。

　近年は、プラスチックやナイロンを使用した筌も増えてきているが、生物の習性や生態環境に適したカタチでなければ、漁獲につながらない点はすべての筌に共通している。水辺にくらす人びとは、筌に魚が入る偶然に期待するのではなく、魚が入りやすい筌を作る職人の技術を真似たり、魚を逃さないためにしっかりと編む丁寧さであったり、魚が豊富に住む漁場を探し出す力を

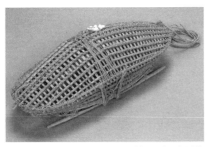

写真3　ポーンペイ島のウツボ筌 *uu*（国立民族学博物館所蔵資料 H0131443）

写真4　フィリピン・シキホール島の大型の筌（2008年1月6日、辻貴志撮影）

養ったりと、繰り返し努力を重ねてきたのである。

　また、筌はカゴ細工であるため、女性の仕事ととらえられがちだが、実際に筌を編むのは男性である。東南アジアで広く確認できる土器作りや機織りにひけをとらないほど精巧かつ丹念に規則性をもって編まれた筌は、もはや「漁撈芸術」といっても過言ではなく、男性にも繊細な仕事ができることを示してくれている。

<h3 style="text-align:center">筌のフィールドワーク—フィリピンの事例</h3>

　フィリピンでは、他の東南アジア島嶼部の地域と同様に筌を「ブブ（*bubo*）」と呼ぶ。これはオーストロネシア祖語に由来しており、同じ語源を持つオセアニアの筌「ウウ（*uu*）」と語形が似ている（写真3）。この事実は、太平洋で筌がどのように広まっていったのか、そして人びとがどのように移動していったのかを知る手がかりとなる。

　さて、フィリピン海域で使用される筌は、大きく分けて潮間帯で使用される小型の筌と、沖合で使用される大型の筌がある。潮間帯は、おもにウツボ科、ベラ科、ブダイ科、テンジクダイ科、アイゴ科といった小型の魚種のほか、小型のイシガニを狙う（口絵写真6）。いっぽう、沖合では、高値のつくハタ科の大型魚を狙った筌漁がおこなわれている（写真4）。

　本節では、セブ州マクタン島のウツボ筌漁について掘り下げる。マクタン島は、毎年のようにウツボ祭が開催されるほどウツボの水揚げで有名な地域である。ウツボ筌漁は1年をとおしておこなわれており、小型のモバウツボを狙う。このウツボはゼラチン質に富んでいて、食感がまろやかでおいしく人気が高い。最近は、観光客向けのレストランにもウツボがメニューとして掲載されており

写真5　マクタン島のウツボ筌漁の様子（2005年
7月31日、辻貴志撮影）

市場価値があることから、このウツボ筌漁が活発化している。

　ウツボ筌は、竹をとっくり状に編んで作られていて、捕魚口には「カエシ」
がついている（写真5）。ウツボが好んで食べるリュウキュウサルボウガイを砕い
たものを餌としてなかに入れ、身動きが取りやすい干潮時を狙って素早く筌を
仕掛ける。ウツボが棲家とする藻が多い場所を選び、1回につき80〜120個の
筌を仕掛けて翌日に回収していた。

　しかし、誰もがモバウツボを捕獲できるわけではない。不思議なことに筌を
編むのが下手な漁民は、骨が多くて肉質が硬いクモウツボばかりを漁獲する。
仕掛ける場所によっては筌にウツボがまったく入らない場合もある。ウツボ筌
漁には筌を編む技能にくわえて、ウツボの習性と環境についてよく知っていな
ければならないのである。

人類遺産としての筌

　人類がいつごろから筌を使用しはじめたのかはわかっていない。しかし、筌
が世界各地で利用されていることから、人びとの生活にうまく適合する道具で
あることは間違いない。人びとが経験を積むことで、筌はより精巧に作られる
ようになり、多くの獲物を確保できるようになったのであろう。

　筌は、生活を楽にする目的もあるので、新たな素材が使われるなど、今も改
良され続けている。そのいっぽうで、筆者は筌を製作する職人の死によって筌
を製作する技術が地域から消えてしまった事例を確認しており、伝承されにく
い物質文化でもある。

　その地域で使用されている筌の特性を探れば、生物をより多く正確に捕獲す

るための技能と、獲物の生態や特徴に関する知識が得られ、自然利用を試みる水辺でくらす人びとの知恵や豊かな想像力を垣間みることができる。筌はちっぽけにみえるが、人類史を編み込んだ人類の遺産なのである。

参考文献

秋道智彌
　1989　「文化史の諸相　ミクロネシアの筌漁—漁具・漁法の生態学的研究」『国立民族学博物館研究報告別冊』6: 269–298。

Tsuji, T.
　2013　The Technique and Ecology Surrounding Moray Fishing: A Case Study of Moray Trap Fishing on Mactan Island, Philippines. In Ono, R., D. Addison, and A. Morrison（eds.）, *Prehistoric Marine Resource Use in the Indo-Pacific Region*, pp. 167–181. Canberra: Australian National University Press.
　2022　An Eco-Material Culture Study on Fish Traps in the Mekong Basin of Lao PDR. *Bulletin of National Museum of Ethnology* 47（1）: 111–139.

Zayas, C.
　2022　Persistence of Bubo, Fish Trap in the Philippine Artisanal Fishery. *Bulletin of National Museum of Ethnology* 47（1）: 87–110.

コラム：独特の浮き板とゴージを使ったトビウオ漁

門田 修

ゴージという釣り針

　ピューピューと口笛を吹くと、その高音が嫌なのか、ヤドカリが貝殻から身を乗り出してくる。頭をつかまえて引き抜くと、柔らかい腹部が殻から抜ける。腹部だけを短い爪楊枝のようなものに刺す。これでトビウオを釣るのだ。

　長さ2～3センチの先端を尖らせた小枝や骨に餌をつけて釣り針として使う仕掛けをゴージと呼ぶ（写真1）。ゴージは英語だが、ゴージの定義はない。真っすぐな1本の枝であったり、くの字のものや、X型に組み合わせたものがあり、その中央部を紐で縛り、海に沈める釣りの仕掛けだ。釣り針といえば、骨や貝殻、べっ甲に穴をあけ、周囲を削り落として作るU字型に曲がったものを思い浮かべるが、そうではなく、直線の組み合わせだけで作られた釣り針がゴージだ。

　ゴージを作る材料や、加工のシンプルさから、釣り針の原初的な形とみなされる。ゴージを使う漁はオセアニア、東南アジアから広く世界中に分布している。魚だけでなく、野ブタやワニを捕まえる仕掛けとしてもゴージは使われたようだ。広い分布にともない、形も呼称もさまざまだ。アネルの著作（Anell 1955）によれば西欧人が太平洋に姿をあらわしてから20世紀の前半まででゴージの記録はたくさん残っている。しかし、現在ではゴージを見ることはほとんどない。

ソロモン諸島のトビウオ漁

　筆者がゴージを使ったトビウオ漁を見たのは、ソロモン諸島のオワリキ島（旧称サンタ・カタリナ）だった。周囲6キロほどの小さな島にはパンダナスの凧を利用したダツ漁や、タカラガイの擬似餌でタコを釣る漁、成人式のカツオ漁など特異な漁法がいくつも残っている。首都のホニアラから飛行機やボートを乗り継ぎ、半日かけてたどり着ける小島で、「観光客もこない離島」と言いたいところだが、年に数回巨大な豪華客船が沖合に停泊し、観光客がどっと押し寄せ、数時間ほど滞在することもある。産卵のために群れをなして岸近くによってくるトビウオは、表層を泳ぐことから、昔から漁の対象となってき

写真1　生き餌（ヤドカリ）をつけた状態の
ゴージ（2012年、門田修撮影、海工房提供）

写真2　トビウオ漁用浮き板（カレンダー写
真の転載）（国立民族学博物館所蔵資料　左
からH0124949、H0124950、H0124954）（写真：
スタジオイットク撮影、公益財団法人千里
文化財団提供）

た。トビウオ漁には昼間の漁と夜間の漁がある。夜には小舟や岸から松明を焚き、
海面を明るく照らし、それによってくるトビウオを手網などですくいとる。松明
漁、焚火漁などといわれてきたが（口絵写真7）、今は煌々とした照明を当てた観
光アトラクションになっている。現在、昼間の漁は刺し網になっているが、昔は
釣りだった。その釣りに使われたのがゴージである。

　ゴージから伸びる紐は長さ2メートルほどで、その先は極めて特徴的な模様を
もつ浮き板に結び付けられる。オワリキ島周辺地域の浮き板は独特で、黒く塗っ
た板に彫刻が施されている。その模様は半魚人（写真2左）やグンカン鳥（写真
2中央）、海の精霊（写真2右）などで、トビウオを呼び寄せるための願いが込め
られているという。しかし、浮き板には1本のゴージしか付いていない。同時に
何枚もの浮き板を流すので、他と区別するためにも彫刻は必要なのだ。民芸品の
ような素朴な美しさと、見た目の楽しさがあるので、浮き板は観光客に売れる。
買った人たちは浮き板に巻かれた紐の先にゴージが付いていることは、気にも留
めないだろう。

　なぜか理由はわからないが、トビウオ漁にはゴージが使われていたようだ。同
じようにゴージを浮きから垂らす漁法はグアム島やパラオ諸島、パプアニューギ
ニアでもやられていたが、その浮きはヤシの殻であったり、竹だったり、単なる
木端であり、彫刻はなかったという。

　小舟を漕ぎ、浮き板を5枚積んで潮の流れのなかに入り、海に差し込むように
板を浮かべる。浮き板の下部には重しの石が縛り付けてある。その石は重過ぎず
軽過ぎず、ちょうど浮き板が海面に立つようにバランスを保っている。海中にカ
メラを入れて覗いてみると、浮き板は波に身を委ね、上下に大きく揺れている（写

写真3　水中における浮き板とゴージの仕掛け（2012年、門田修撮影、海工房提供）

写真4　トビウオを捕獲した際の風景（2012年、門田修撮影、海工房提供）

真3）。植物繊維をよった紐は潮の流れで張っている。ゴージには重りはついていない。軽い小枝がなぜ浮かび上がらないのか？　餌のヤドカリが重しになっているのだ。

　暑い日差しの下で待つこと2時間、その間も浮き板を見失わないように舟で追い続ける。やっと浮き板が震えるように上下した。かかったようだ（写真4）。

参考文献

Anell, B.
　　1955　*Contribution to the History of Fishing in the Southern Seas*（Studia Ethnographica Upsaliensia 9）. Uppsala: Almqvist & Wiksells Boktryckeri AB.

2章　貝が生み出すアート
贈与と装飾品からみる海の暮らし

2-1　男女のおしゃれと多様な貝製品

印東道子

オセアニアでは貝を利用してさまざまな装飾品が作り出されていた。ビーズ、胸飾り、ペンダント、腕輪、耳飾りなどが主なもので、使われる貝は多様である。海岸近くですぐに入手できる貝もあれば（タカラガイ、イモガイ、タカセガイ、ムシロガイなど）、海中深く潜らなければ入手できない赤い貝（ウミギクガイ）や大きくて重い貝（シャコガイ）、島によっては入手できない美しい貝（真珠貝）など、用途に応じて使う貝を変えていた。また、使われた貝や加工の難しさ等によって、その装飾品としての価値も異なっていた。以下では装身具の種類ごとに使用した貝の種類や地域などを紹介する。

胸飾り

オセアニアの人びとは上半身を露出していることが多いので、貝製の胸飾りをつけると人目を引く。大きくて重いシャコガイを多用したのはメラネシアであった（写真1）。シャコガイは大変硬い貝であり、加工するのに要する時間の長さと技術が装身具の価値を上げているようである。ソロモン諸島では、腕輪様の分厚いリングや、大きな薄い円盤状に加工したものを胸に吊るしたり、額飾りにしたりしていた。後者の円盤には、一回り小さいべっ甲のすかし細工が上面に重ねられ、洗練された装飾品となっていた（写真2）。

真珠貝が分布していたロツマ島やヴァヌアツでは、真珠母貝をまるごと使った大きな胸飾りが作られた。上端にあけられた3つの小さな穴を通した紐で首から吊るされた。また、真珠母貝の小片を四角や円形などに加工し、ビーズの間に挟んだり、耳飾りに利用したりした例も多く見られた。クラ交易のソウラ

写真1　シャコガイ製胸飾りをかけた男性（2011年、門田修撮影、海工房提供）

写真2　シャコガイ製円盤にべっ甲飾りを重ねた額飾り（国立民族学博物館所蔵資料 H0138435）

ヴァもその一例である。

　ミクロネシアのヤップ島には、高い価値を持つガウと呼ばれる長い胸飾りが、代々の首長に伝わる。長さは優に1メートルを超え、大きめのウミギクガイ製ビーズが大量に連なる中央に、大きなクジラの歯が1個ないし数個、配されている（口絵写真8）。これは首長しか所有できないもので、儀礼時に首にかけて、権力や財力を誇示し、村同士の紛争解決などに使われた。ウミギクガイ製のビーズもヤップ島では入手できないため高価で、中央カロリン諸島との交易によって入手していた。

　ポリネシア中央～東部の島々には、ビーズを連ねた胸飾りは見られず、鯨歯やそれを模倣したシャコガイ製品、真珠母貝など、大きめのペンダントトップが首長の胸を飾った。

　特異な例では、真珠母貝製の釣り針をネックレスとして装着したツバルの例や、曳き釣り用ルアーが9個装着された事例がカピンガマランギで見られた。

腕輪

　腕輪は新石器時代の最も古い遺跡からも出土する装身具である。今から3200年前ごろにさかのぼる最初の遺跡群を残したラピタ人は、イモガイやタカセガイなどの巻き貝の他に、シャコガイからも腕輪を作っていた（Szabó 2010）。これ

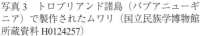

写真3　トロブリアンド諸島（パプアニューギニア）で製作されたムワリ（国立民族学博物館所蔵資料 H0124257）

写真4　ヴァヌアツのシャコガイ製腕輪（国立民族学博物館所蔵資料 H0124947）

らのうち、最も手近に手に入る素材がイモガイである。

　大きなイモガイの殻を水平に切ると、内径8センチ前後のリングができる。幅を広く切れば幅広の腕輪が（30ミリ前後）、幅を狭く切れば幅の狭い腕輪が（6〜10ミリ前後）できる。ラピタ遺跡群（紀元前1000年前後）から出土する腕輪の多くを占めるのが幅の狭いタイプのイモガイ製の腕輪である。イモガイ製腕輪は、メラネシアからミクロネシアにかけて広く分布していた。そのまま腕を入れて装着する場合がほとんどであるが、小さいと腕が入らない。その場合は貝輪を2つに切断した両端に小さな穴を開け、腕に付けてから縛り合わせる様式のものが作られた。クラ交易に使用されるムワリと呼ばれる貝輪もイモガイ製である（写真3）。

　イモガイよりも貝そのものの直径が大きく、大きなリングができるのがタカセガイである。底部を残して上部と中央部の螺旋部を取り外すと大きめのリングができる。表面を磨くと真珠層のような輝きをもち美しい。ラピタ遺跡から出土したものは内径で5〜8センチもあり、上腕部につけていた可能性が高い。実際、フィジーやヴァヌアツの埋葬地から出土した女性人骨は、左または両上腕骨に複数の貝輪をはめていた。しかし、多くは両手首に5個ほど着用する例が多かった。

　シャコガイ製の腕輪は比較的細めの腕輪に加工され（5〜10ミリ程度）、断面も三角や四角、半凸状のものなどがある。様式を意識して加工されたようで、重みがある（写真4）。貝そのものは二枚貝で非常に硬いため、リングを製作するのは難しい。しかし、ほぼ正円に磨かれた製品は、その加工の難しさを感じさせないほど美しく仕上がっている。なお、外周には刻み目などの装飾が施されたものもある。シャコガイ製腕輪は、メラネシアやミクロネシアでは紀元前に遡る遺跡からも見

つかる。その他、小さな巻き貝やタカラガイを連ねて腕輪にした場合もあった。

足輪

　足輪は、植物の種子などを縛り付ける以外、貝製のものは民族例でもほとんど報告されていない。しかし、オセアニアへ移住してきた初期の人びとはイモガイ製の足輪をつけていたことが、発掘から明らかになった。ヴァヌアツのラピタ期（紀元前 1800 ～ 1700）の埋葬人骨のうち、若い男女の片足、あるいは両足首に足輪が装着されていた。これらは幅広タイプ（33 ～ 42 ミリ）のイモガイ製で、3 ～ 4 の部位に分割され、それぞれの端にあけた 2 個ずつの穴を縛り合わせるタイプのものだった（Langley, et al. 2019）。腕輪のようにどこも割れていない完全な製品だと、かかとを通して足首に装着するのは難しいので、3 ～ 4 個の断片を縛り合わせる工夫を凝らしたのであろう。

耳飾り

　民族誌の中でも目を引くのが、ミクロネシアのチュークの男性がつけた耳飾りである。写真 5 に紹介した男性は、穴を開けた耳たぶに、べっ甲や中サイズのイモガイ製リングを大量につけている。これらの重みによって耳たぶはますます伸びることになる。ニュージーランドでは、貝以外にも鮫の歯に穴を開けた耳飾りが多用された。

ビーズ

　装身具に用いられる普遍的なパーツには円盤形ビーズがあり、オセアニアのほとんどの場合が貝製であった。小さなものは直径 2 ミリほど、大きなものでは 20 ミリを超すものまである。白いビーズは、イモガイ製が多く、赤いビーズはウミギクガイ製が多い。これらは、大き目の装飾用パーツとパーツの間を埋めるために使われることが多く、首飾りのほか、ベルトなどの素材にも使われた。ミクロネシアのファイス島に埋葬された若い女性は、2000 個を超す小さなビーズが出土し、貝製ベルトが副葬されていたと思われる。

おわりに

　貝は、オセアニアの海岸では手軽に入手できるが、種類によっては深く潜らなければならないものや、地域的に分布していないものもあった。さりげない小さなビーズ 1 つでも、加工技術の高さを示しており、貝製装身具の種類から

写真 5　貝製リングとべっ甲製リン
グを耳たぶに装着したチューク男性
（Matsumura 1918: II）

は社会的価値も伺うことができる（本書第 2 章 4 節を参照）。

参考文献

Langley, M.C., et al.
　　2019　Manufacture and Use of Lapita Conus Multi-Segment Broad Rings: Evidence from the Teouma Site, Central Vanuatu. *The Journal of Island and Coastal Archaeology* 15（3）: 364–383.
Matsumura, A.
　　1918　*Contributions to the Ethnography of Micronesia*（Journal of the College of Science, Imperial University of Tokyo 40）. Tokyo: College of Science, Imperial University of Tokyo.
Szabó, K.
　　2010　Shell Artifacts and Shell-working within the Lapita Cultural Complex. *Journal of Pacific Archaeology* 1:115–127.

2-2　貝をお金に変える技

後藤　明

お金とは

　人類はいつ頃から物々交換ではなく、お金を使い始めたのだろうか。まずお金の定義を考えてみよう。それは交換の基準となるモノで、しばらく保持して、あとで別のモノと交換する事もでき、貯めておくこともできる。しかしお金はどこにでも落ちている、あるいは誰でも作れるようなものでは困る。つまりお金として認められるには稀少性や何らかの基準が必要である。

　クイギンの『原始貨幣の概観』によると、お金は持ち運びができ、ある程度目立ち、そして継続性、すなわちすぐ消滅しないことが必要である。さらに分割、つまり「金を崩す」ことが可能で、また簡単には偽造できないことなどが条件となる（Quiggin 1949）。以下、お金なのか、それとも財宝ないし貴重な飾りなのか区別が難しい場合があることを踏まえながらお金の原型ともなる原初的な貨幣について見ていく。

多様なお金

　人類は多様な素材をお金として使っていた。金属の貨幣や紙幣以外では、石、貝、骨、歯、植物、羽毛など多様な貨幣が存在した（Quiggin 1949）。

　原初的な貨幣として知られるミクロネシア・ヤップ島の「石貨」は小型の場合は交換財としてやり取りされたが、巨大なことで有名な石貨は権力者の威信財として一定の場所に置いておいて所有者が受け継がれた（写真 1）。ソロモン諸島南東部のサンタクルーズ諸島では羽毛で作った帯が貴重な財貨として流通、また蓄積された。ニューギニアやメラネシアの島々では雄豚の曲がった牙、イルカ、コウモリあるいは犬の歯がお金あるいは貝ビーズなどと一緒に紐で通されてお金として流通した。

　また食品ないし植物としては、アフリカやニューギニアで用いられる塩、椰子油、メラネシア・トロブリアンド諸島のバナナの葉（儀礼に使う腰蓑の材料）、あ

写真1 ヤップにおける石貨の利用状況（石材はパラオ諸島産。石材産地で製作され、カヌーでヤップに運ばれる。）（後藤明撮影）

写真2 パプア・ニューギニア・東セピック州のタカラガイ製頭飾り（国立民族学博物館所蔵資料 H0124028）

るいは東南アジアの民族事例やおそらく日本の弥生時代に使われていた米束があげられる。その地方で最も共通に用いられる食品ないし素材である。

さて、以上のようなお金の条件から、人類にもっとも古くから用いられているのが貝殻である。たとえば中国戦国時代の礎の国からは当時のお金を入れていたと思われる貯貝器（ちょばいき）という青銅器が発見されている。それは南海から運ばれる貴重なタカラガイをお金として貯めておくための道具であった。M. サーリンズの『石器時代の経済』によると、オセアニアの島々では原始的な貨幣が発達するのはメラネシアとミクロネシアであり、首長制の発達するポリネシアには見られない。その理由は貨幣が平等な交換活動における基準となるものであり、社会の上下がはっきりして平民による貢納と首長による再分配が制度化されているポリネシア社会にはそぐわないからだという（サーリンズ 1984）。

タカラガイのお金

オセアニアのお金の代表はまずタカラガイ（宝貝・子安貝）である（写真2）。ちなみにニューギニア島でもタカラガイがお金として流通していた。それはキナと呼ばれるが、この名称は現在、パプア・ニューギニアの貨幣の単位となっている。タカラガイ1個1個がお金として流通したのはアフリカの奴隷交易でも同様であった。

また貝殻を使うお金、あるいは交換財として螺鈿の材料ともなる真珠母貝に穴を開けて繋いだり、篦や釣り針状に加工して連結した例がミクロネシアにある。イモガイの丸い蓋に穴をあけてつないだ型式の事例もある（写真3）。また大きなシャコガイを一定の形に削って作るお金がソロモン諸島などに見られる。

写真3　ヴァヌアツのイモガイ製貝貨（国立民族　　写真4　ニューブリテン島で使われるタン
学博物館所蔵資料 H0124944）　　　　　　　　　　ブー（後藤明撮影）

　上に述べたタカラガイのお金は、貝殻が1個単位で使われたが、小型のタカ
ラガイやムシロガイ（*Nassa* sp.）の背中を打ち欠いてビーズのようにして、太い
輪のようにつないで作るお金が、ビスマルク諸島ニューブリテン島で使われる
タンブーである（写真4）。男たちはこの貝を取るために出漁し、タンブーを作る
ことで一人前となる。お隣のニューアイルランド島では、オウム貝を割ってビー
ズ状にしたものが交換財としてだけでなく、婚資や紛争の調停などに用いられ
る。

貝ビーズのお金

　一方、南東ソロモン諸島マライタ島のランガランガ・ラグーンは、今日まで
この貝ビーズ工芸が行われている地域である（後藤2020）。ランガランガの人びと
にとって貝ビーズ工芸は、もっとも重要な生産手段である。
　この貝貨の主な交換対象はヤムイモ1000個、カヌー1隻および豚1頭であ
る。英国植民地化以降から現在までは貝貨や貝ビーズ製装身具は現金収入源と
もなっている。人びとは種々の貝殻でビーズ状の貝貨を製作し、婚資や賠償あ
るいは香典として用いる。葬式のときは故人への供養として親族が貝貨を持ち
寄るのがしきたりである。神話では、死者の魂が死者の島にカヌーで渡るとき、
どの程度貝貨があるか尋ねられるという。少ないと故人の人望がなかった証拠
とされ、成仏できない。仏教思想の六文銭のような考え方である。
　ランガランガの貝ビーズ製作は女性の仕事である。貝殻の荒割りから始まり、
それをディスク上に整形し、穴を開け、さらに研ぎ出してビーズ状にするとい
う工程で作られる（写真5）。女性たちは荒割りできた不定形の破片を指先でつま
み、石台の上で回転させながら周りを軽くたたき、直径1センチ程度の貝ディ

写真5　貝ビーズを製作するランガランガの女性
たち（後藤明撮影）

スクを作る。次に表面に深い襞のあるロム貝（ウミギク）とカカンドゥ貝（サルボ
ウ）には研磨が行われる。

　研磨には2種類の方法があり、1つは伝統的な方法で、長さ15センチ前後の
かまぼこ型に半裁した石の上に貝ディスクを付着させて並べ、この石に両手を
添え、床においた擦り石の上で回転しながら、こすりつけて研磨する。もう1
つは新しい方法で、長さ50〜70センチの平たい板の上に窪みを作り、研磨さ
れる側を表面にしてディスクを並べ、研ぎ出しにも使う砥石で上から表面を磨
く。次にかつては先端に石器をつけたポンプ式ドリルを使っていたが、今は店
で買う鉄製のハンドドリルで穴をあける。さらに表面を研磨する作業だが、穿
孔したディスクを2〜3メートルの糸に通して、長い木の台の上に伸ばして水
をかけながら砥石で直径5〜6ミリ程度になるように磨く。この仕事には力を
要し世帯の男性が行うのが一般的である。さらにケエ貝（アマボウシガイ）のディ
スクの場合、研ぎ出しをしてから、鉄板の上で加熱変色される。加熱具合によ
りケエ貝ビーズの価値が決まるという重要な工程で、やり直しはきかない。赤
い色がよく出たビーズは貝貨用となるが、発色が悪いあるいは熱しすぎたビー
ズは装身具用となる。

　このようにして作られた貝ビーズは貝貨や装身具の素材として用いられる。
ランガランガだけで使われる婚資用の貝貨は白いカカンドゥ貝だけから作られ
るイサエ・ガリアと赤・白・黒3色からなるアクワラ・アフの2種類がある（口
絵写真9）。後者はタフリアエとして島北部のコイオ、クワァラアエおよびラウ地
方でも婚資や香典として使われる。ランガランガでは婚資として白い貝貨のイ
サエ・ガリアとアクワラ・アフの比率は2：1と決まっている。すなわち前者20
本なら後者10本という具合である。再婚のような場合を除いて、それが最低の

本数である。

　アクワラ・アフ（あるいはタフリアエ）は長さによって価値が異なる。両端をもって首のあたりまでくる長さから、胸（乳）のあたり、臍のあたり、腰のあたり、そして足の裏までくる長さと区別され、それぞれ呼び名がある。

　ビーズ式貝貨は規則にそって色の異なるビーズを並べることで完成するが、赤いビーズを紐で通したもの（サフィ）はそれ自体で交換対象となる。また近年、現金の浸透で、ビーズそのものがムラの店で小銭として使われることもある。さらに大量に必要となる貝殻をホニアラのマーケットで購入し、労賃を払ってビーズを製作させるような下請けシステムも存在する。

参考文献

後藤 明
　　　2020　「オセアニアの貝ビーズ文化—欧米化のなかの婚資と地域通貨」池谷和信編『ビーズでたどるホモ・サピエンス史』205–219 頁、昭和堂。

サーリンズ、M.
　　　1984　『石器時代の経済学』法政大学出版局。

Quiggin, H.
　　　1949　*A Survey of Primitive Money: The Beginning of Currency.* London: Methuen & Co. Ltd.

2-3　冠婚葬祭にかかせない貝の貨幣

門馬一平

人びとを魅了する赤い貝の貨幣

　無数の真っ赤なビーズが紐に通されて連なっている。その連なりが2本、長さは1メートル以上ある。上から下へ眺めていくと、そのところどころで短く枝分かれし、枝の先端には加工された白蝶貝が飾りつけられている（写真1）。本体に戻って赤いビーズの連なりをさらに下まで追うと、ビーズは白色に変わり、連なりの終わりを示すバショウ科の植物の黒い種で留められる。2本の紐は種の先で結ばれ、さらにその先は円形に加工された大きめの貝殻が続く。最後に、複数の二枚貝の貝殻が、円形の貝殻の淵に沿って吊り下げられ、互いにぶつかり合い、音を立てながら揺れている（写真2）。その様は明らかに日常に使う他の物品と異なっている。赤く艶のある大量のビーズは見る者を魅了し、村人たちは近づいて手触りを確かめては感嘆のため息をつく。パプアニューギニアの東端、カルヴァドス諸島で用いられる貝の貨幣「バギー（bagi）」である。

　音を立てながら揺れている部分は、貝貨の「足」だと説明される。儀礼の主催者は、目立つようにその「足」をわざと地面に引きずり、ジャラジャラと大きな音を立てながら、集まった人混みの中心部へと運び込む（写真3）。そして、その美しい貝貨を儀礼に招かれた主賓に対して放り投げる。主賓はこともなげにその貝貨を自分のバスケットにしまい、そして演説を始めた。「故人の父は、故人を連れて、森に入り、山に登り、ヤムを植え、サゴを砕き、相当な労力を支払った。この儀礼でそれらはすべて完済されたのだ。本当にありがとう」。

　オセアニアでは貝殻、べっ甲、イルカやクジラの歯、さらに羽毛などを素材とした原始通貨が使われてきた（第2章2節を参照）。貝だけに限定すると、貝殻そのものを単独、あるいはつないで使うものや、巨大なシャコガイを削って作られるものがある。ウミギクガイなどの二枚貝の貝殻をビーズに加工してつなげる「ビーズ式貝貨」はメラネシアやミクロネシアに多い。貝貨は婚資（結納品）として必要だが、それ以外にも香典や賠償に使われる。またカヌー、豚、ある

写真1　白蝶貝が飾りつけられた貝貨（門馬一平撮影）

写真3　大きな音を立てながら貝貨を運ぶ（門馬一平撮影）

写真2　吊り下げられた貝貨（門馬一平撮影）

いはヤムイモのように生活に必要な品、あるいは儀礼上重要な品と交換される。美しい貝の貨幣が儀礼に用いられるのは、それが他者との関係性や記憶と深い関わりがあるからだ。多様な社会関係とその中での個人同士の経験や記憶、そして美しい貝貨。少ない紙面でそれらの複雑な絡まりを全てときほぐし説明するのは難しいが、そのエッセンスを少しなりともお伝えしたい。

<h2 style="text-align:center">儀礼と貝貨―カルヴァドス諸島の事例</h2>

　カルヴァドス諸島では、特に喪明けの儀礼に貝貨が用いられる。ここでは、死者と親しかった人の手には死者との思い出や記憶が感覚として残っていると考えられている。たとえば、自分の手はただ物体の「手」として存在しているのではなく、「あの人が触った手」として関係づけられる中で存在している。そのため「あの人」が死んだとき、その関係性は変化する。喪明けの儀礼は、その変化を共同体の中で受け入れるために行われるのである。

　喪明けの儀礼の中で用いられるのは、貝貨の他に石貨（口絵写真10）、食べ物、豚、土器、日用品、現金などである。種類、量ともにできるだけ多くの物を用意するのだが、その中でも貝貨や石貨といった原始通貨は重要な役割を果たす。と

いうのも、それこそが死者となった「あの人」と「私」との関係を表象するものであるからだ。そのため、贈られる貝貨には美しさや大きさ、長さ、赤さ、滑らかさなどが求められる。みすぼらしい贈り物をして、その関係もたいしたことのないものだと思われるわけにはいかないのだ。

　貝の貨幣を贈り、死者との関係性を明示する・・・。こう書くとエキゾチックな印象を持つかもしれないが、日本に住む私たちもまた、香典やご祝儀に紙幣を用いている。さらに言うならば、ご祝儀袋についている「熨斗」は贈答品としての干した鮑の名残である。今でもご祝儀袋に熨斗がついているのは、それが贈答品であることの印であり、それによって相手への祝意を表現するためである。また、より卑近な例になるが、バレンタインデーに贈るチョコレートも相手に自分の気持ちを伝えるためのものだろう。「義理」や「本命」など相手に合わせて、チョコレートの質や量、作り方、贈り方を変えるのは、贈る相手との希望する関係性を表現するためだと言える。そして同じように、カルヴァドス諸島の儀礼において、貝貨は死者との関係性を表象しているのである。

　よく「貝貨は近代貨幣（現金）に取って代わられないのか」と聞かれることがあるのだが、貝貨を近代貨幣で置き換えるというのは、日本でくしゃくしゃの現金をご祝儀袋なしで贈り、バレンタインデーのチョコレートを現金で置き換えるのと同じ程度に難しい。カルヴァドス諸島での貝貨のやり取りは関係性の構築や再構成に焦点があり、それが最終的な目的となる。つまり、貝貨でのやり取りのほとんどが大きく分ければバレンタインデーのチョコレートに類する贈り物なのであり、そうでないことの方が例外である。逆に近代貨幣はほとんどの用途が売買であり、贈り物に用いることの方が例外で、だからこそ熨斗がつけられるのだろう。同じ物のやり取りでも、それが売買であるのか、贈与であるのか、人はその文脈に敏感である。

　こうしたことについては、原始貨幣の呪物性や、貨幣が用いられている社会形態との関連といった観点で論じられてきたが、話が逸れるので末尾に参考となる文献を2点あげるにとどめておく。

母系社会における原始通貨の役割

　喪明けの儀礼は「手」だけではなく、故人が関係したあらゆる事物に対して行われる。村の空間、家のドア、柱、故人が使った物……。その中でも最も多くの貝貨が用いられるのが、故人の父方氏族に対する儀礼である。母系社会のカルヴァドス諸島では幼い頃から父方の叔父や叔母と「タウ（おや）−ナトゥ（こ）」

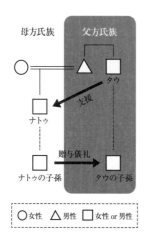

写真4　パプアニューギニア　カルヴァドス諸島
の貝貨ソワソワ（門馬一平撮影）

図1　タウとナトゥの関係図（門馬一平作成）

という擬似的な親子関係を築く（図1上部）。タウが父親（タマネ）、ナトゥが子ど
も（ナトゥネ）にそれぞれ由来する言葉であるが、母系社会では父方氏族はみな
別氏族になるため、わざわざこのような名前をつけてその関係を強固にするの
である。そして恐るべきことにこうして始まった「タウ-ナトゥ」関係は当人だ
けにとどまらず、世代を超えてその子孫らにまで影響を及ぼす、長い長いつき
あいとなる。

　子どもが生まれると、父親はその子どもが誰の「ナトゥ（こ）」となるのかを
考え始める。自分の子どもを自分の兄弟姉妹に割り振るのである。タウはナトゥ
の幼い頃から世話をし、食べ物や衣服、そして貝貨を含む様々な原始通貨の贈
り物をする。ナトゥの方でも、ことあるごとにタウを頼る。そして、ナトゥが
育ち、タウ以外にもたくさんの交易相手を持つような壮年期に差し掛かった時、
頃合いを見計らってタウ（おや）からナトゥ（こ）に対しての最大の贈り物が贈
られる。

　これは「ソワソワ」と呼ばれており（写真4）、冒頭に述べた貝貨バギーの最上
級のものが用いられる。ソワソワは、これまで誰がタウであったのか、そして
これからも誰がタウであるのかをはっきりとナトゥに向けて明示するためのも
のである。そのため、ソワソワは普段作る他の貝貨よりもずっと質の高いもの
でなければならない。というのも、ソワソワこそが過去と未来の「タウ-ナトゥ」
関係を象徴するからだ。みすぼらしい貝貨をソワソワに使ってしまうと、その関
係もたいしたことのないものだと思われかねない。最悪、ナトゥが愛想を尽かし

て他の人物をタウとして設定し直すこともあるのだ。タウとしては、せっかくここまで築いてきたナトゥとの関係を不意にするわけにはいかないのである。

　ナトゥ（こ）は生涯に渡ってタウ（おや）を頼り続けるが、叔父や叔母であるタウは、ナトゥよりも先に亡くなってしまうことがよくある。その場合は、タウの子孫が引き継いでナトゥへの贈与を続ける。タウがここまでしてナトゥとの繋がりを強固にするのは、最終的にナトゥからタウへの返礼（清算ともいえる）が、ナトゥの死後の喪明けの儀礼においてなされるからだ（図1下部）。

　ついにナトゥが亡くなったとき、長年ひたすら贈与してくれたタウに対して返礼するときがくる。しかし当然ながら、ナトゥが亡くなったときにはナトゥの父もその兄弟姉妹であるタウも皆たいてい亡くなっている。返礼するのも、それを受け取るのも、それぞれの子どもたちが行うのである。遺族となったナトゥの母方氏族や子どもたちは、返礼の贈与をタウの子孫に対して行う。このように見ると、タウにとってナトゥの世話や贈り物をすることは、未来の自分の子孫たちのためにいわば貯蓄をしていることに等しいことがわかる。貝貨はタウとナトゥの関係の記憶を儀礼の中で表現し、未来の資本に変換する役割を果たしているようだ。

<h2 style="text-align:center">記憶をつなぐ貝貨の力</h2>

　最後に、冒頭に紹介した儀礼の場面の主賓の演説をもう一度思い出してみよう。

　「故人（ナトゥ）の父とタウは、故人を連れて、森に入り、山に登り、ヤムを植え、サゴを砕き、相当な労力を支払った。この儀礼でそれらはすべて完済されたのだ。本当にありがとう」。これは、儀礼の主賓であるタウの子孫の演説で、タウがナトゥの面倒をいかによく見たのかを主張している。面倒をみたのは70年以上前のことである。儀礼で語られるタウ、ナトゥの多くはすでに他界しているのだが、彼らが生前に築いた関係はこのやり取りによって子孫たちに生々しく思い起こされ、人びとに記憶される。このようにカルヴァドス諸島の人たちは貝の貨幣をつかい、親子や世代を超えた協力の関係をつなげてきたのである。

参考文献
春日直樹編
　　2007　『貨幣と資源』弘文堂。
ポラニー、カール
　　2002　『大転換』野口建彦・楢原学訳、東洋経済新報社。

2-4　海を渡る貝貨

後藤　明

海を越える交易

　オセアニアの島々の中でフィジー以東のポリネシアに最初に進出した人びと
の祖先はラピタ土器を持つ人びとであった。彼らは数百キロ以上離れた島との
間で黒曜石、貝あるいは土器をやりとりしていたが、その一部が東に進み、ポ
リネシアに到達した。ポリネシアでは島と島との間が数千キロ離れていること
は珍しくないので、各島に散っていったあとは、比較的孤立して生活を営んで
いたと考えられていた。
　しかし最近、遺跡から出土する石材の産地同定の研究が進み、ポリネシアの
島々への居住がはじまった西暦 10 世紀から 14 世紀頃は、海を越えて盛んに玄
武岩や黒曜石や貝などがやりとりされていたことが明らかになった。たとえば
サモア産の玄武岩がクック諸島へ、あるいはハワイ産の玄武岩がマルケサス諸
島まで、1000 キロ以上にもわたって運ばれていた。タヒチ産の白い巻き貝は貴
重財としてオーストラルやクック諸島に運ばれていた。
　ここでの交換と交易は区別する必要がある。たくさん魚がとれたので村の中
でおすそ分けするなど村の中の者同士、あるいは親戚同士、つまり知った者同
士の間のモノのやりとりが交換である。第 2 章の 2 節で見たソロモン諸島ラン
ガランガ・ラグーンでは、婚資に貝貨を支払う儀礼がもっとも重要であった。
親族間で婚約が成立し、支払う貝貨の本数が決まると、新郎側は豚などとの交
換か親族の女性たちがせっせと貝貨を作って準備を始める。そのために数ヶ月
あるいは数年かかることも珍しくない。これは親戚ないし同胞同士のやりとり
なので、交換あるいは贈与となる。
　一方、普段は会わない者同士、場合によっては他の部族、さらに言葉の通じ
ない相手と互いの産物をやりとりするのが交易である。言葉が通じない場合は
沈黙交易（互いに相手の持ち寄ったモノに満足な場合に成立する）で行われることがあ
る。ただしこのような活動は一度きりでは交易にならない。つまり同じ相手と

図1　クラリング交易とニューギニア周辺における主な交易網ルート（後藤明作成）

のやりとりが慣習とならないと交易とはいえない。そのためには互いの信頼関係も必要であり、異なったモノとモノとの交換レートが決まっている必要がある。その基準として原始貨幣が用いられることもある（後藤 2001, 2004）。

交易用の貝貨

　交易は、山を越えたり、海を越えたりするが、大量に重いものを運ぶには船が一番であった。ランガランガで作られた貝ビーズ（主に赤）はブーゲンビル島でも需要があり、そこからビスマルク諸島やニューギニア本島までも伝わった。ただしランガランガ・ラグーン内で日常的に使用されるカヌーはアウトリガーのない丸木舟であり、それで海峡を越えるのは難しい。しかしかつてマライタ島周辺ではモン型と呼ばれる、接ぎ舟式のカヌーが他の島との戦闘用に使われていた。

　英国の植民地下では、ランガランガの人びとは首都のホニアラから飛行機ないし汽船でソロモン北端のショートアイランド諸島まで行き、そこからカヌーでブーゲンビル島（パプア・ニューギニア国領）南端のブインまで運んでいた。この場合は国境を越えるので何らかの暗黙の了解があったようだ（Connell 1977）。

　次にニューギニア本島南西部に住むパプア語系の言語を話す集団マイルー

写真1　貝ビーズ首飾りソウラヴァ（国立民族学博物館所蔵資料 H0138878）

写真2　イモガイ製の腕輪ムワリ（後藤明撮影）

写真3　クラ交易の航海に使われるマサワ（masawa）カヌー（後藤明撮影）

島民をみてみよう。沖に浮かぶマイルー島は、資源は少ないにも関わらず、長距離航海民として他の部族民より優れたカヌー技術をもち政治的にも支配的であった。マイルー島では粘土が取れるので、島民はこの地域の中におけるほぼ唯一の土器生産者である。土器の製作は女性の仕事であり、装飾された土器は近隣では根栽類や魚などと交換される。もうひとつマイルー集団の技術的特徴は男性による貝輪の製作であった。

　この地域の遠洋交易の専従者たるマイルー島民は東西100キロ以上の村々と交易をする。7月から8月に島民は土器を運び西方に航海し、ビンロウジと未加工のイモガイを持って帰るが、その途中にあるサンゴ礁でさらにイモガイを採集してくる。貝の頭を硬い石で打ち割り取り出された肉は焼かれて食料となる。割った貝殻にはさらに研磨が加えられるが、そのさい古い土器片を石で尖らせたものを鑢として使い、仕上げの研磨には石が使われた。

　さらに東方に交易に出た時、マイルー島民は後述のクラリングからもたらされる貝輪も入手する。遠方交易で入手した貝輪はマイルー島民自作のものより

高価とされ、転売的な交易の対象となる。腕輪は腕のより肩に近い位置で装着できる方が、価値が高い。そのため島民は腕輪の内側を削って穴を大きくするなどの加工を行う。貝輪は婚資や種々の返礼として使われる（後藤2005）。

クラ交易

　パプアニューギニア東方の海上、マッシム地方に交易網クラという人類学的に有名な交易システムがある（マリノフスキー2010）。クラはトロブリアンド、アムフレット、ダントルカストー諸島、トゥベトゥべやミシマ、ウッドラーク諸島などの広範囲にわたる慣習や言語の異なる部族社会を環とし、その圏内を時計回りに赤色の貝ビーズ首飾りソウラヴァ（写真1）、逆方向に白色の貝製腕輪ムワリ（写真2）の2種類の装身具が贈り物として、リレーのバトンのように回り続けることを特徴とする（図1）。

　この地域ではモノを所有する者は他の人にそれを分配し共有することが期待されており、立派な贈り物を早く与えることで富者あるいは有力者としての名声を得る。クラは男が行い、その社会的地位により相手の数は2人から100人以上と大きな差があるが、一度クラの仲間となるとその関係は終生続く。財宝は先方が持ってくるのではなく、こちらから贈り物を持って取りにいく。逆に次回は、それに対応する財宝を求めて先方がやってくるのである。腕輪と首飾りは原則として比べて交換されるものではない。

　日本語の訳書は原著の抄訳で（マリノフスキー2010）、クラの財宝作りや土器作りなど、物質文化の記述のほとんどが省略されている。しかし原著を読むと貝財宝の儀礼的交換の背景には、数々の実用的な物品、食料、土器、木器などの交易があったことがわかる（後藤2002）。

　クラ交換の航海に出るためにはマサワ（masawa）という特別なカヌーが使われる（写真3）。このカヌーは、普段は使われず大事にとって置かれる。そして数年に一度のクラの大航海のときに化粧直しが行われ、人びとの威信をかけて海に漕ぎ出される。この波除けと舳先板は彫刻が施され赤と白で鮮やかに飾られる（口絵写真11）。このように飾られた舳先で交易相手の村の浜に乗り上げると、相手はその美しさに魅了され、保持していたクラの財宝を気前よく渡してくれるという。交易は単なる産物のやりとりではなく、社会的な行為、コミュニケーションであったと言えよう（後藤2023）。

参考文献

後藤 明

2005 「交易者の考古民族誌」『考古学ジャーナル』529: 11–14。

2001 『民族考古学』同成社。

2002 「クラ交換の舞台裏—その物質文化的側面」『物質文化』73: 1–16。

2004 「黒曜石の旅—民族誌に見るビスマルク諸島・ニューブリテン島産黒曜石の交易」『東南アジア考古学』24: 1–18。

2023 『環太平洋の原初舟—出ユーラシア人類史学への序章』（南山大学人類学研究所モノグラフ 1）南山大学人類学研究所。

マリノフスキー、B.

2010 『西太平洋の遠洋航海者』講談社。

Connell, J.

1977 The Bougainville Connection: Changes in the Economic Context of Shell Money Production in Malaita. *Oceania* 48(2): 81–101.

コラム：琉球の多彩な貝製品

藤田祐樹

　後期旧石器時代に世界中に移住したホモ・サピエンスが海を越えて琉球列島へ移り住んだのは、3万5000～3万年前である。列島全域に広がるこの年代の遺跡からは、断片的な人骨や少量の不定形剥片、礫器が発見されている。その後、少なくとも沖縄島では継続的または断続的に居住が続けられ、独自の文化が育まれた。

　沖縄島南部のサキタリ洞遺跡で発見された2万3000年前の文化遺物には、釣り針やスクレイパー、ビーズなど豊富な貝器（写真1）と数点の石器で構成されていた（沖縄県立博物館・美術館 2018）。港川人に代表される沖縄旧石器人は、東南アジア先史集団との関連性が深いと考えられているが、更新世の貝製釣り針も沖縄と東南アジア島嶼域に共通している点は興味深い。

　やがて、九州以北が縄文時代草創期に入ると、琉球列島へもその影響は広がり、徳之島では縄文時代草創期の細隆線文土器が発見され（具志堅 2020）、1万年前までには沖縄諸島各地でも土器が発見されるようになる（山崎 2022）。海を越えた文化交流によって縄文文化の影響が広がる一方で、琉球列島に特有の要素として、海生動物の骨や貝殻を利用した装飾品も発達した。琉球列島では6000年前ごろからサンゴ礁が発達し、漁場としての利用が活発化すると同時に、そこに生息する大型の貝で匙や刺突具などの利器、貝輪などの装飾品を作り上げたのである（口絵写真12、宮城 2022）。

　こうした貝製品は日常的に使用された。さらに、貝ビーズや有孔カサガイ、透かし彫りを施したイモガイなどの装飾品は副葬品として埋葬墓にも納められた（写真2）。ジュゴンなどの海棲動物の骨を蝶の形に彫刻した蝶形骨器は、沖縄の先史時代を代表する装飾品でもある。単一の部品で構成されるものと複数の部品を組み合わせたものがあり、年間を通じて蝶が羽ばたく亜熱帯ならではのデザインとして注目される遺物である。

　琉球列島産の大型貝類は交易品として九州以北へも運搬されたが、とりわけ弥生時代に移り住んだ九州ではゴホウラやイモガイの貝輪が重用された。これに呼

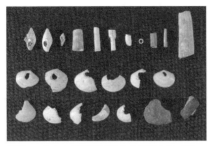

写真1　サキタリ洞遺跡出土の貝器たち（再現品、沖縄県立博物館・美術館提供）

写真2　イモガイの透かし彫り製品（具志川島・岩立遺跡出土）（沖縄県立埋蔵文化財センター所蔵）

写真3　ヤコウガイ製の貝匙（伊江島・具志原貝塚出土）（沖縄県立埋蔵文化財センター所蔵）

応して琉球列島各地で交易用の貝類を収集・保管する貝殻集積遺構が構築され、貝類を通じた北方との交易の重要性を物語っている。

　九州以北との交流は、やがて琉球列島の社会にも変化をもたらし、グスク時代、琉球王国時代へとつながっていくが、貝殻を利用する文化は部分的に継続され、漁網の貝錘やヤコウガイの貝匙（写真3）など、近世まで用いられたものもある。琉球列島の人びとは、先史時代からずっと、島を取り巻く海の恩恵を享受して暮らしていたのである。

参考文献

沖縄県立博物館・美術館
　2018　『沖縄県南城市サキタリ洞遺跡　発掘調査報告書I』沖縄県立博物館・美術館。
具志堅亮
　2020　「南島」『季刊考古学』151: 44–46。
宮城弘樹
　2022　『琉球の考古学—旧石器時代から沖縄戦まで』敬文社。

山崎真治
　2022　「縄文時代の琉球列島における海洋進出と遠洋航海」『季刊考古学』161: 57–61。

3章　カヌーと船具
海で生きるための必需品

3-1　ココヤシロープ—シンプルな必需品

宮澤京子

ココヤシロープとは？

　ココヤシロープは、ココヤシの実の中の繊維（中果皮）を撚ったロープだ。海水に強く丈夫で、摩擦にも耐える。そのためインド洋海域圏やオセアニアの島々では、船の建造と艤装にココヤシロープが使われてきた（口絵写真13）。鉄釘のない時代、ココヤシロープで材を縫い合わせて船体を大きくし、帆を操り、船の積載量、航行距離を上げた。

　オセアニアの人びとは風を動力とする帆走カヌーを駆使し、移住や交易の長距離航海に挑んだが、その時彼らはココヤシロープを手にしたはずだ。結ぶ、縛る、束ねる、吊るすなど実用的な用途のみならず、儀礼具に付けたり、ロープの巻き方で美しい幾何学模様を表した。乾いたココヤシロープはボソボソして一見粗末に見えるが、オセアニアの島々の文化の立役者である。

ミクロネシア・中央カロリン諸島のココヤシロープ

　土壌が乏しく樹種の少ないサンゴ島では、割けば紐となる竹も、棘を取ればそのまま紐になるツル性植物も育たない。ココヤシが頼りだ。ミクロネシアのサンゴ島では、今も太さの異なるココヤシロープを使い分け、伝統的な家屋やカヌーを造る。

　細いロープは、魚をとる筌や手網などの漁具作り、屋根葺きなどに使う。カヌー建造に欠かせない手斧は、かつてはシャコガイなどの貝を研いで刃にしたが、その刃と柄もこのロープで結縛した。航海の守護神とされる木像にはこの

写真1　細い紐を棒状に束ねたパイオル（宮澤京子撮影、海工房提供）

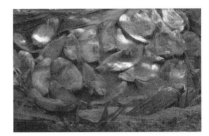

写真2　海水に浸けたココヤシの中果皮（宮澤京子撮影、海工房提供）

ロープが付けられ、吊るせるようになっている。さしたる産物のないサンゴ島では、かつてはこのロープを長さ6〜70センチの棒状に束ねたパイオルと呼ばれるものが交易品の1つで（写真1）、これをカヌーに積み、サンゴ島では育たないタバコやターメリックなどを入手しに他島へ航海した。

　1本のパイオルは50尋、約91メートルのロープを束ねたものと聞いたが、筆者の手元にあるパイオルをほどいて測ると、その長さは71メートルだった。パイオルは貨幣のようにも使われた。航海術など秘伝の知識を学ぶ際の謝礼として、また、島の掟を犯した時にはパイオルを罰金のように差し出し、赦しを請うたという。

　ロープ作りは、時間と手間のかかる素材の準備から始まる。まずは若いヤシの実を割り、繊維質からなる中果皮を水に浸ける（写真2）。ココヤシの実は成長段階ごとに名前があり用途により使い分けられる。ポロワット環礁では9つの段階に分け名前が付けられていた。

　実を浸けるのは海水でも淡水でもいいが、海水に浸けた方が丈夫で、やや白くきれいな繊維が取れるという。浸ける期間は1ヶ月、3ヶ月、半年間ともいう。用途や状況次第で、どれだけ浸けるか決めるのだろう。割った実は、潮が満ちると海水に浸る波打ち際に掘った穴に放り、ヤシの葉をかぶせて砂で埋める。やがて、穴の周囲の白砂が黒味を帯びると実を取り上げる頃合だという。カゴや魚網に実を詰め、浅瀬に沈める手法もある。この場合、沈めたカゴが流失しないよう砂やサンゴ石で固定させるか、陸の石や木とカゴをロープでつなぐが、イファルク環礁ではナイロン製のロープでつないでいた。伝統のロープ作りに現代のロープが参加し、愉快である。

　水から取り上げた実の繊維は柔らかくなっており、剥がしたあと叩いて汚れを落とし、洗い、天日で乾燥させる。乾いた繊維は丁寧に上下の向きをそろえ

写真3　繊維を足で抱え、細い紐を撚る（宮澤京子撮影、海工房提供）

写真4　3人の男が引っ張り締めあげて太いロープにする（宮澤京子撮影、海工房提供）

て軽く重ねる。こうしてようやく繊維を撚る作業の準備が整う。イファルク環礁では、女性が海水から実をあげ繊維を叩いていたが、これより後の作業は男だけの手仕事だ。男は指先で、ふんわりと柔らかい鳥の巣のような繊維の塊から2、3本の細い繊維をつまみあげ、つまんだ指同士をこするようにして繊維を紐に撚っていく（写真3）。

　つないで長さを増した紐は太腿の上におき、指先、手のひら、手首を使って押し転がすように撚り、2本撚りの細長い紐をこしらえる。これをまた撚って中太のロープを作り、さらに太いロープは、3本の中太ロープを3人の男が引っ張り締めあげる（写真4）。残念ながら筆者にはその工程や身体技法を解説する筆力もスペースもない。筆者らが撮影したロープ作りの動画「ココヤシのロープ作り」を「東南アジア・オセアニア―海辺のくらしと物質文化データベース」（国立民族学博物館）よりご覧いただければ幸いである。

海のココヤシロープ

　中央カロリン諸島の外洋航海用帆走カヌーは、こうして作ったロープを使い建造されてきた。船底と舷側板、船縁、船首・船尾は、まず天然の接着剤であるパンノキの樹液を部材の断面に塗布し、ココヤシのコルク状の外皮小片を充填材として貼り、穿った穴にココヤシロープを通して縫うように張り合わせる。アウトリガーを構成する腕木、浮き木、連結材などの部材は、太さの異なるロープを使い分けて固縛するが、この複雑なロープワークは立体的で実に見事である（写真5）。細いロープは部材を縛るのみならず、ぴんと伸ばして、部材を置く位置を測る物差しのようにも使う。

　ココヤシロープはアウトリガーと船体の間にある簀状の荷台、アウトリガーと反対側に装着されるプラットホーム、帆桁、舵とその柄、頭にかぶる笠など、

写真5　アウトリガーの部材をつなぐココヤシ
ロープ（宮澤京子撮影、海工房提供）

写真6　サモアの伝統家屋建材をつなぐココヤ
シロープ（宮澤京子撮影、海工房提供）

カヌーの上で目に見えるあらゆる艤装に使われている。昔の帆布はパンダナス
の葉を織った細い帯状のマットを並べて縫い合わせたものだったが、マットを
三角形に縫い合わせるのも、帆を帆桁に取り付けるのにもココヤシロープが使
われた。現在は、化学繊維のロープが多用され、帆は軽くて扱い易いダクロン
製に代わったが、船体を縫いつなぐのはココヤシロープに変わりはない。「ココ
ヤシロープは航海の始まり」、とある男は言った。ココヤシロープなしにはカ
ヌーの建造も航海もできないからだ。この大事なロープを作り、巧みに操る技
を身につけることは、島の男のたしなみ、責任でもある。

ユニークなココヤシロープ

　オセアニアには、他にも驚くべきココヤシロープの利用例がある。キリバス
諸島には、ココヤシロープを編んで身にまとう鎧があった。フィジーでは、高
位首長の喪明けの儀礼で、高さ2メートルほどに積み上げたココヤシロープを
亡くなった首長に見立て、その死を悼んだという。フィジーの儀礼に欠かせな
いマッコウクジラの歯の交換財タンブアは、ココヤシロープと鯨歯をつないだ
首飾りのようになっているが、片手でロープをつかみ、もう片方の手を鯨歯に
添え、うやうやしく相手に捧げる。
　ポリネシア地域には3つに編んだ組紐のココヤシロープがある。サモア、フィ
ジー、トンガでは、この組紐ロープで伝統家屋の柱や梁、垂木を縛るが、茶色
や黒に染めたロープを混ぜ、組紐の平らな面を活かした幾何学模様を描き出す
のが特徴である（写真6）。それぞれの模様には名前があり、伝承を伝える模様
もあるという。伝統家屋の屋根の裏には、ココヤシロープが織りなす壮観、重厚
な世界が展開している。

3-2　パンダナス（タコノキ）の帆とマット

小野林太郎

パンダナス（タコノキ）とその多様な利用

　パンダナス（タコノキ）(写真 1) は、東南アジアでは主に葉を敷物として利用するのに対して、オセアニアでは土壌の貧弱な環礁島でも育ち、すべての部位がさまざまな用途に利用できるため、ポリネシア人は新しい島に植民する際に移植した。木は家屋の建材、根は医薬品として使われる。特に重要となる葉は、カヌーの帆・屋根材・敷物・籠・バッグ・衣服など手工芸の素材として広く利用されており、その加工は主に女性の仕事として知られる。また熟れると甘くなる実は、子供達のおやつであり、調味料としてさまざまな料理に使われる。日本列島では唯一、亜熱帯圏となる小笠原諸島と琉球諸島にはパンダナスの仲間が分布している。小笠原諸島ではタコノキ、琉球諸島ではアダンとして知られ、和名としてはタコノキが正式名となる。琉球のアダンはその新芽の食利用や、葉や根を編んで敷物や籠細工などが製作・利用されている。ここでは海域アジアやオセアニアで広く利用されてきたパンダナスとその多様な利用について紹介したい。

カヌーの帆としての利用

　国立民族学博物館のオセアニア展示室には、入口のすぐ近くにミクロネシアの航海カヌーとなるチェチェメニ号が展示されている。チェチェメニ号は現代までスターナヴィゲーションによる伝統航海術が残るサタワル島のシングルアウトリガー・カヌーだが、その帆もパンダナスの葉で編まれている（口絵写真14）。ここで簡単にどのようにして帆が出来上がっていくかみてみよう。

　パンダナスの仲間は複数あるが、その多くは葉の両端に細かい棘がある（写真2）。現在はカッターや山刀などで葉の両端をカットし、この棘を除去するのが最初の作業となる。鉄製品が普及する以前は、二枚貝の端を削った貝製ナイフや剥片石器などが利用されたのかもしれない。棘を除去された葉は次にまとめて

写真2　葉の両端にある細かい棘（2022年、小野林太郎撮影）

写真1　パンダナスの木（2008年、小野林太郎撮影）

鍋で茹でるか、日干しで少し乾燥させて柔らかくする。ここまでの下準備ができれば、あとは葉を4～5センチ刻みに割き、これらを交互に重ねて編んでいく。ここまでの基本的な工程は、後述する敷物の製作法と同じである。またオセアニアでは、ここまでの工程は主に女性による手仕事として行われることが多い（写真3）。帆に利用する場合、幅は30～40センチと短い一方、長さは数メートルにおよぶサイズに編まれる。帆にする場合は、こうして編まれたロール状のパンダナスを帆のサイズに一致するよう、複数並べていく。ここからは男性の仕事となり、男たちはロール状に編まれたパンダナスをココヤシ製の紐で縫い合わせていく（ココヤシ製ロープについては前節を参照のこと）。縫い針は、木を山刀で削って即席でつくったシンプルなものだ。しかし、これらの作業によりカヌーの帆はほぼ完成する。沿岸に生息するパンダナスは塩水に強く、荒海ともなる外洋を航海するカヌーの帆として、オセアニアでは古来より使われてきた。

敷物・クラフトとしての利用

　パンダナスの葉を帆として利用するのは、現在ではオセアニアでしかみられないが、敷物としての利用は東南アジアや琉球など海域アジアでも広くみられる。パンダナスが沿岸に多いせいか、その敷物を日々の暮らしに利用する文化も沿岸域に多い。フィリピン諸島のスールー諸島やマレーシアのボルネオ島沿岸、東インドネシアの離島域などに集落を形成し、漁撈や海上交易などに従事

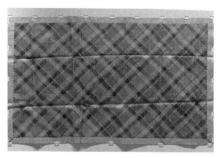

写真3　パンダナスの葉を編むトケラウ諸島
の女性（アタフ環礁、2008年、小野林太郎撮
影）

写真4　サマ人によるパンダナスの敷物（国立民
族学博物館所蔵資料 H0198218）

してきたサマ人（あるいはバジャウ人）もパンダナスの敷物を作るのが得意だ。伝
統的にはこうした敷物は、沿岸の潮間帯上に建てられた彼らの杭上家屋での暮
らしや、レパと呼ばれる家舟での暮らしの中で利用されてきた。近年、サマ人
による家舟暮らしはほぼなくなったが、パンダナスの敷物は市場で比較的安価
で購入できる敷物や土産物として人気を集めている。

　一般的に家屋や船上で利用されるパンダナス製の敷物は、染色などを施さな
いシンプルなものが多い。これに対し、土産物としても販売・利用される敷物
には、多彩な染色を施したパンダナスの葉が用いられ、アート性の高い色彩豊
かなものが多い（写真4）。染色は化学顔料のインクが主に使用され、赤や青、紫
色に染められた葉を交互に混ぜつつ編まれている。国立民族学博物館に所蔵さ
れているサマ人による敷物の多くも、こうしたカラフルで美しい資料である。
一方、琉球列島ではパンダナス（アダン）の根を素材とするクラフトが多い。一
般的なものには草履や鞄などがある。帽子や敷物は葉を素材とすることが多い。
現在、これらの多くはやはり土産物として販売・利用されている。

パンダナスの食利用

　最後にパンダナスの食べ方について紹介したい。バレーボールのような実（写
真5）が多数なるパンダナスの木をみて、まず食べてみたくなるのは実であろう。
熟れると黄色く染まり、いかにも南国の美味しいフルーツのように一見見える。
しかし実はほのかに甘いものの、硬めでそれほど美味しいものではない。この
ためか、パンダナスの実を食べる習慣がある地域は意外に少ない。私が実際に
見たことがあるのは、ポリネシアのトケラウ諸島での事例で、熟れた実をナイ

写真5　パンダナスの実（トケラウ諸島アタフ環礁、2008年、小野林太郎撮影）

写真6　熟れた実をナイフでカットし、鍋で炒める（トケラウ諸島アタフ環礁、2008年、小野林太郎撮影）

フでカットし、それらを鍋で炒めてから、おやつ代わりに食べていた（写真6）。砂糖などを加えれば甘味が増し、より食べやすくなるのであろう。

　琉球列島でも実をカットして、炒めてチャンプルーにして食べることがある。パパイヤの実と同じような食べ方と言える。一般的に良く知られている食べ方としては、実ではなく新芽を天ぷらにして食べる方法である。こちらは新芽が柔らかく、極めて美味である。

3-3　オセアニア・東南アジアの櫂たち

門田　修

櫂とは？

　水に浸かることなく人が水面に浮かぶには、人が乗っても浮かぶだけの浮力をもった材料が必要である。たとえば、竹であったり流木であったり、草を束ねたものだ。それらは単なる浮きであり、流されれば漂流物で舟とは呼ばない。舟と呼ばれるには、目的地に向かって進めなくてはならない。水の流れにも逆らって航行できないといけない。どうやって浮体を進めるのか？　その手段の1つが櫂である。櫂がないときは、両腕を水につっこみ、必死になって水を掻いたであろう。手のひらの面積を大きくするために、木端などを握った。さらに腕の機能を拡張させるために柄をつけた結果、櫂が生まれたと想像できる。

櫂とその種類

　櫂には2つの種類がある。英語ではパドルとオールに区別しているが、日本ではどちらも櫂という。パドルは進行方向（船首）に向かって座り、両手で柄を握って水をかく。ペーロン（竜舟）競争などと同じ漕ぎ方だ。オールは公園のボートのように船尾に向かって座り、船縁に設けた支点を梃子として漕ぐ。腕だけで漕ぐパドルの大きさは限られているが、オールは1人では持てないほど長大なものでも扱うことができる。

　東南アジアからオセアニアにかけてのカヌーは圧倒的にパドルが優勢でオールはほとんど使われていない。例外は蘭嶼島（台湾）のトビウオを獲る舟だ。大型のチヌリクランと、小型のタタラは同型をしているが、両方ともオールを推進具としている（写真1）。

　ボルネオ沿岸のサラワク州からマレー半島沿いにミャンマー、バングラディシュに至るまではオールを使用するが、それは船首に向かって立って漕ぐスタイルだ（写真2）。長い柄を胸の前で交差させるようにして押す。あるいは船の上で仰向けに寝転がり、持ち上げた両足でオールを漕ぐ、一見横着に見える漕ぎ

写真1　蘭嶼島（台湾）のチヌリクランと櫂（2008年、門田修撮影、海工房提供）

写真2　立って櫂を漕ぐモーケンの女性（2001年、門田修撮影、海工房提供）

方もある。

　パプアニューギニアのトロブリアンド諸島はクラ交易で有名だが、そこで使われるムサワ舟は、不思議なことにパドルとオールの両方が同じ船上で使われている。右舷に座った5人ばかりの男がパドルを使い、左舷の男たちはオールを使っているのだ。パドルとオールを併用することにより、どんな利点があるのか分からないが、乗組員の半分が前方を見て、半分は後方を見られると言うことだろうか。それにより、襲ってくる敵の船をいち早く見つけられるのではないだろうか。

<h2 style="text-align:center">櫂の作り方</h2>

　海辺でカヌーを造っている光景に出くわすことがある。近づくと、建造中のカヌーのそばに座り込み、こつこつと木を削っている男がいるのに気づくかもしれない。男は櫂を作っているのだ。櫂を専門に作る大工がいるのかどうか、わたしは知らないが、彫刻などが達者な男が櫂作り担当となっているのではないか。新しいカヌーに合わせ、それに似つかわしい櫂を作っているのだ。櫂はカヌーの大きさによって長さも違う（口絵写真15）。なによりも漕ぎ手の体格、筋力により櫂の形も大きさも変わってくる。櫂はカヌーに合わせたオーダーメイドであることが多い。

　櫂は柄（シャフト）と幅のある羽根（水掻きのブレード）から成り立つが、硬い一材から削り出される。幅広の羽根は接木をして面積を増すこともあるが、細身の櫂は力がかかるために接合部分はない。古代エジプト遺跡や縄文遺跡からたくさんの櫂が発掘されているが、櫂そのものの基本形は現代のものとさほどの違いはない。羽根が笹の葉状の細いものか、ハスの葉のように丸いものかの違

いだ。

　ブレードが幅広の大きめのものは、推進具として使用されるよりも、船を一定の位置に保つためや、方向転換するために使われる。船尾で8の字を描くようにして操作するものを練り櫂ともいう。ちょうど魚が胸鰭を回転させるようにして、水中で立ち止まっているようなものだ。これは櫂の使用技法であり、必ずしも練り櫂専用の形があるわけでもない。使い方により櫂は推進具だったり、舵になったり、安定装置になったりする。櫂も漕ぎかたにより、水の抵抗力を利用するのか、櫓のように揚力でもって推進力を得るかの違いが出てくる。

　現代のスポーツで使われるカヤックのパドルは独特だ。柄の両端に羽根がついたダブルブレードという櫂で、1人で左右交互にブレードを水面に差し込めるようになっている。カヤックが北米起源であるように、東南アジア、オセアニアではダブルブレードのパドルは見られない。

　櫂を見るときに、もう1つ気づくことがある。柄の先端に握りの膨らみや、T字型の短い棒が付いているかどうかだ。櫂の分類は羽根の形にばかり注目しがちだが、握りのあるなしにより、櫂の長さ（船の大きさ）、使い方の技法にもかかわってくる。さらに柄が羽根まで入り込んでいるかどうかも注目点だ。それにより羽根の断面の形状が異なってくる。中央部が膨らんだ山形なのか平なのか。羽根の中央部に突出した峰があれば、水の切れ方も変わって、漕力にも影響する。

櫂の多様な用途

　小さなカヌーの上で、櫂を高く立てれば、それは合図にもなる（写真3）。波のうねりで上下するカヌーは遠くからはどこにいるか分からない。しかし櫂を空に向かって振れば、遠くのカヌーからも、何か異変が起きたと気づくことができる。その櫂に布やヤシの葉でも結びつければ、帆にもなる。

　カヌーが岸辺に帰ってきたとき、カヌーを流されないように陸に引き上げる。1人で持ち上げられるほど軽ければいいが、そうでない時は、カヌーに櫂を差し込み、2人がかりで持ち上げ、波の届かないところに運ぶ。そして櫂に魚をぶら下げて家路に着く。カヌーは岸辺に置いておくが、櫂は家に持ち帰るのが基本だ。櫂が盗まれるか、あるいは櫂があるからカヌーごと乗り逃げされるか、とにかく櫂とカヌーをいっしょに放置するのは、ぶっそうなことなのだ。

　ココナツ油を全身に塗り、逞しい腕に櫂を握って演奏する男女の集団がいる。ポンペイ（ミクロネシア連邦）を代表する演目の1つとしてパドル・ダンスがある（写真4）。横1列に並んだ屈強な若い男たちが、両手で櫂を握り、くるくると

写真3 櫂を高く立てて、威嚇するマオリ（2011年、門田修撮影、海工房提供）

写真4 ポンペイ島のパドル・ダンス（2011年、門田修撮影、海工房提供）

回しては、前に置かれた竹の棒に叩きつける。男たちの前列では女たちが座って並び、手を叩きながら歌う。櫂は打楽器としての機能をもつ。だが、男たちが手にする櫂は、実際にカヌーを漕ぐものではなく、ダンス用に作られた長さ1メートルにも満たない短く軽いものだ。

　パドル・ダンスは太平洋にやってきたヨーロッパ人によっても記録されている。トンガやフィジー、あるいはラパヌイでもあったそうだ。ただし、ラパヌイのものは、ダンスというよりも葬儀などの儀式で使われたという。実用の櫂は長くて重く、それを振り回せば武器となる。

　さまざまな形をして、模様や彫刻を施された櫂は、実用を離れて美術品となる。インターネットの時代になり、オセアニアの櫂はダンス・パドルとして売買されるようにもなった。

3-4 手斧—カヌー作りとヒトの移動史

山野ケン陽次郎

南の島のカヌーと手斧

　日本の「南の島」である奄美や沖縄、そして東南アジア島嶼部やオセアニアなどの海洋性亜熱帯・熱帯気候に属する島々には、島沿岸にサンゴ礁地形であるラグーン（礁湖）と呼ばれる「天然のいけす」が広がる。そこには多種多様な魚、ナマコやウニなどに加えて大きくて堅い殻を持つ貝類が豊富に生息する。島々で生活する人びとやその祖先は、これら貝類をたんぱく源として日常的に食してきた。

　また人びとはこれら貝の身を食べるだけではなく、殻を使って様々な道具を作り、使用してきた。その中でも貝殻で作られた斧、すなわち「貝斧」は島に住む人びとにとって最も身近で重要な道具の1つである。

　東南アジア島嶼部やオセアニアにおけるカヌー作りには、主に「手斧」と呼ばれる横斧（木製の柄に対して、刃先が直行する斧）が使われてきた（写真1）。のこぎりやかんなを持たない彼らは、この手斧と巧みな技術を駆使してカヌーを作る。手斧の多くは、T字や逆L字形に切り取られた木製の柄と、刃先を持つ貝や石の斧身で構成される。両者をしっかりと固定できるよう、柄の先端には段や溝や穴を設け、そこに斧身をあてがい、ココヤシなどの植物繊維の紐で入念に巻き付ける。

　16世紀以降の西洋文化との接触を契機に、斧の素材として鉄が一般的に普及する以前には、貝や石を素材とした斧が当たり前に利用されていたことが民族事例や発掘調査から分かっている。考古資料は柄や紐が朽ちてしまい、斧身のみが出土するのが常だが、民族資料ではこれらが一体となったままの状態で博物館に保管されていることも珍しくない。

貝で斧を作る理由

　貝斧はオセアニアの広い範囲に分布する道具でもある。考古・民族資料から

写真1　カロリン諸島の貝斧（国立民族学博物館所蔵資料 K0001041）

写真2　シャコガイの仲間たち（国立科学博物館所蔵資料、2022年、小野林太郎撮影）

はミクロネシアで最も一般的に普及しており、メラネシアやポリネシアにも広く普及していたことが分かる。また、古くはフィリピン、東南アジア島嶼部の先史遺跡でも散見でき、日本でも沖縄県の南端に位置する先島諸島において遺跡（約2800～1000年前）から貝斧が出土する。

　興味深いことに、石材の入手が困難なサンゴ礁島だけではなく、石材の豊富な火山島でも石斧に加えて貝斧が使用されている。石材が豊富であれば貝で作る必要もなさそうだが、その理由はいくつか考えられる。例えば、貝殻は石材に比べて強度も劣らず、粘り強さに優れており、木材を削る工具素材として適している。また、石材と異なり一定の形状を持つ貝殻は、目的の形へ加工するための製作工程や時間を短縮できるという利点がある。その採集においても、石切り場まで行き割り取ってくる必要はない。眼前に広がる海岸で食物と斧の素材を同時に得られるというお得感もあったのかもしれない。

<h2 style="text-align:center">貝斧の素材選びと製作</h2>

　貝斧の素材として最も好まれたのは大型二枚貝であるシャコガイ科の貝類だ（写真2）。シャコガイ科には世界最大の二枚貝であるオオジャコやヒレジャコ、シラナミなどの種がある。ほかにも巻貝の仲間であるトウカムリ、マンボウガイ、リュウキュウタケなどが貝斧の材料として用いられた。これらは比較的浅い水深で採集できる点も魅力である。

　貝斧の製作では完成形を見越した材料選びが最も重要だ。素材となる貝の種類や部位によって得られる形状が異なるためである。丸鑿状に作りたいなら筒のような形状のリュウキュウタケがお勧めだろう。この貝を縦に半分くらい研磨して断面半円状に整形し、片端を斜めに研いで刃部を作れば完成である。こ

写真 3　サンゴを砥石に刃部を磨いて調整する
（2012 年、宮澤京子撮影、海工房提供）

写真 4　ポンペイ島で採集されたオオジャコ製
貝斧（長さ 36 センチもある）（国立民族学博物
館所蔵資料 K0006188）

の貝のすぼまった先端部分を斜めに研磨すれば、それだけで細かい彫刻に適し
た鑿状工具となる。

　一方、シャコガイ科の場合、素材となる部位を叩き石などで粗く割り取った
後、より細かい打ち割りによって形を整えていく必要がある。この作業は我々
の想像よりもずっと難しい。遺跡からは、この加工段階と思われる破損品が見
つかることも少なくない。形をおおよそ整えたら、軽石やサンゴの砥石を使っ
て刃部や表面を磨いて調整する（写真 3）。

　オオジャコやヒレジャコの蝶番部を利用した貝斧は特に堅牢な大型品が多く、
全体を丹念に研磨したものもあり、その製作には相当の時間を要しただろう（写
真 4）。カヌー作りの際には使用によって刃先がつぶれることも多く、何度も研磨
しながら大切に使った。使用時間が半分、研ぎ直しの時間が半分といった具合
である。マーシャル諸島では、こうした貴重な貝斧が首長に奪われぬよう、地
下に埋めて隠したという民族事例があるくらいだ（染木 1945）。

貝斧を使ったカヌー作り

　マーシャル諸島の民族事例によれば一隻のカヌーを製作する際に、船の先端
工作用、外板工作用、板の継ぎ目を仕上げる工具、丸木舟の内部を刳る工具な
ど、様々な形状の貝斧が必要であった。マリアナ諸島の遺跡（紀元後 1000 年～
1700 年頃）から出土する貝斧も丸刃や平刃など刃先の形状に多様性があり、製作
工程に合わせて様々な貝斧を使い分けていたことが分かる。

　例えば刃部先が丸みを帯びた貝斧は丸木舟の内部を刳るために使用しただろ
うし、刃部先が直線的で薄い貝斧は継ぎ目の仕上げに向いている。その大きさ
も様々で、長さ 20 センチを超える大型品から、刃部の幅が 1 センチに満たない

鑿状の工具まで出土しており、カヌーだけでなく木造建造物の建築や細やかな木製工芸品の製作にも使用されたと考えられる。沖縄県宮古島のアラフ遺跡では4点のシャコガイ科製の貝斧がまるで籠の中に入れられたようにまとまった状態で出土した。面白いことにこれら貝斧の形態は全て異なっており、カヌー作りにおいて種々の製作工程にそれぞれの貝斧が用いられたことが想定されている。

副葬された貝斧

　遺跡から出土する貝斧の中には、単なる工具としてだけではなく、副葬品や威信材や貝貨としての価値を持つものがあった。フィリピンのドゥヨン洞穴遺跡（約4600年前）では全長が20センチを超えるシャコガイ科の貝斧が人骨に伴って出土しており、故人に供した副葬品の可能性が高い。また、マリアナ諸島ではナトンビーチ遺跡（約3000～1500年前）から3体の成人男性に伴って、表面を丹念に研磨したシラナミ製貝斧が各1点出土した（口絵写真16）。愛用していた貝斧を被葬者と一緒に埋納した可能性もあるが、当時の人びとにとって貝斧が単なる道具以上の存在であったことを想起させる事例だ。

　貝斧はオセアニアの広い範囲に展開した物質文化であり、人類の移動史の復元にも大きく関わっている（小野1999）。現在最古の貝斧は約1万年前のもので、東南アジア島嶼部またはニューギニアの島から出土している。太平洋の島々を移動した人びとは手斧でカヌーを作って海上を渡り、新たな島へと辿り着いた。島において人の住む所にカヌーがあり、カヌーがあるところに手斧があったと言っても過言ではない。その悠久の歴史とこの地に住む人びとの技術と努力には驚かされるばかりである。

参考文献
小野林太郎
　　1999　「東南アジア・オセアニアの貝斧について―ミクロネシアにおける貝斧の型式分類と比較研究」『東南アジア考古学』19 : 19–55。
染木 煦
　　1945　『ミクロネシアの風土と民具』彰考書院。

コラム：模型からみるオセアニアのカヌーとその多様性

後藤 明

　精巧に作られた船やカヌーの模型を眺めるのは楽しいことである。

　国立民族学博物館（以下では民博）の収蔵庫あるいは沖縄の海洋文化館には、東南アジアからオセアニアにかけてのカヌーが展示あるいは収蔵してある。同じような模型の展示はハワイのビショップ博物館でも見ることができる。

　この地域のカヌーを概観すると、3つのタイプが見えてくる。まず1つ目のタイプは丸太をくり抜いた刳船ないし丸木舟である。丸木舟は東南アジアの内水域やニューギニアの河川部などで見られる。丸木を船殻全体に利用するのではなく船底にだけ利用して、あとは板材をつなげていくような舟は台湾蘭嶼島のタオ、あるいはソロモン諸島やニュージーランドマオリの戦闘用のカヌーで用いられる（写真1）。2つ目には、東南アジアやオセアニアで広く用いられ、丸木舟の船体に浮木をつけたアウトリガー型式がある。さらに3つ目として中央・東部ポリネシアで主にみられる船体を双胴にしたダブルカヌー式がある。若干の例外はあるが、東南アジアのアウトリガーカヌーは浮き木を両側にもつダブル・アウトリガー（両舷）式、オセアニアでは片側にもつシングル・アウトリガー（片舷）式が卓越する。

　筆者はオセアニアのアウトリガー式カヌーの船体の長さ、幅、深さ、またアウトリガーの腕木の長さや浮木の長さなどの属性を統計分析したことがあるが、およそ次のようなことが分かってきた。

　まずニューギニア周辺からニア・オセアニアにかけては、多様性の高いカヌーが使われていること。またアウトリガーとなる浮木は長く、多いときには10本近くの腕木で船体に結合される。一方、ここからリモート・オセアニアへと移住する際には、より航海能力の高いカヌーがフィジー、西部ポリネシア、ポリネシア飛び地で発達したように思われる。

　さらにそうしたリモート・オセアニア型のカヌーが洗練されたのが、ミクロネシアのカヌーである。民博にもこの地のカヌー模型が多数収蔵されている（詳しくは一般公開されている民博のデジタルデータベースより確認してもらいたい）。たとえ

写真1　ニュージーランドマオリの戦闘用のカヌー模型（国立民族学博物館所蔵資料 H0009672）

写真3　マーシャル諸島のシングル・アウトリガー模型（国立民族学博物館所蔵資料 H0004625）

写真2　サタワル島のチェチェメニ号（国立民族学博物館所蔵資料 H0004975）

ばカロリン諸島、とくに西はヤップ島から中部カロリンのサタワル付近、またカピンガマランギまでの航海カヌーは短いが分厚い浮木が2本の腕木で装着されるのが特徴的だ（写真2）。一方、マーシャル諸島では湾曲した3本の腕木で浮木が装着される（写真3）。

　　カロリン諸島やマーシャル諸島の帆走カヌーは風上に上る時に、船首と船尾を交代させ、そのたびに三角形の帆先を前後に入れ替える「シャンティング法」をとる。メインマストは可動式で根本を支点に前後に倒される。この方法は舟を安定的に走行させる目的で浮木を常に風上に置くためであり、浮木は重し木として機能する。

　　カロリン諸島は現在でも航海術が維持され、数日かけて目的の島を往復する。民博のオセアニア展示場にあるチェチェメニ号はその代表的な航海カヌーだ（口絵写真14）。しかし、かつてハワイやラパヌイ（イースター島）あるいはアオテアロア（ニュージーランド）など、東部ポリネシアへはより移住の条件が厳しく、航海実験により1ヶ月程度の航海が必要であったと思われる。このときは作物や家

畜も運ぶために積載量の大きいダブルカヌーが主に使われた（口絵写真 17）。

　ところが植民に成功すると、豊かな島々では社会が安定し、やがて長距離航海が放棄され、島ごとに沿岸用の多様なカヌーが作られた。これに対し、フィジーおよび西部ポリネシア、カロリン諸島では適当な距離（数日間の航海）で交易が維持された結果、遠洋航海能力があり、似た構造と操作法を持つカヌーが使われ続けたのである（後藤 2022, 2023）。

参考文献

後藤　明
　　2022　「太平洋諸島・小笠原諸島」『季刊考古学』161: 80–82。
　　2023　『環太平洋の原初舟——出ユーラシア人類史学への序章』（南山大学人類学研究所モノグラフ・シリーズ第 1 号）南山大学人類学研究所。

4章　舟と仮面
海世界におけるヒトの精神性

4-1　戦闘カヌーと首狩り

長岡拓也

ニューギニア島やソロモン諸島の首狩りの起源

　オセアニアの島々では、首狩りの習慣が特徴的にニューギニア島とソロモン諸島に分布している。この分布は、死者の頭骨を保存するという葬法の分布とも重複しており、人間の頭に霊力が宿るという信仰に起因する。

　この信仰はニューギニア島に5万年以上前に住み着いたとされるパプア集団にまでさかのぼる可能性がある。考古学の研究によると先住のパプア集団と混血したラピタ文化の担い手であるオーストロネシア集団が、2600年前頃にビスマルク諸島から北部・西部ソロモンへ植民したと考えられることから、この移動にともなってソロモン諸島へ広がった可能性がある。

　首狩りがいつ頃から行われていたかは不明だが、1568年にスペイン人探検家ドン・アルヴァロ・メンダナがソロモン諸島のサンタイザベルで首狩りに使われる船首・船尾が反り上がった戦闘カヌーを目撃しており、この当時にはすでに行われていた可能性が高い。

19世紀におけるソロモン諸島の首狩りとその終焉

　19世紀に西洋人が訪れ始めた頃、西部ソロモン諸島では部族間抗争や首狩りが盛行していた。特に盛んだったニュージョージア地域では、首長が近隣の集団と連合して20～30人乗りの戦闘カヌー20隻を従えて500人もが参加する船団を組織し、チョイスルやサンタイザベル、遠くはマライタやガダルカナルまで首狩りの遠征が行われていた（写真1）。

写真 1　映画のために再現された首狩りの襲撃（1921 年）
（Nicholson 1924: 48）

写真 2　戦闘カヌーとカヌー小屋（1880 年代）
（© The Trustees of the British Museum）

　19 世紀後半にはヨーロッパ人とのべっ甲・ナマコ・白檀・コプラなどの交易が始まる。これにより首狩りの中心地であったロヴィアナ地域では、ヨーロッパ人が貝貨であるシャコガイ製貝輪を現地人への支払いに使ったため、貝輪の需要が急増した。ロヴィアナの首長はヨーロッパ人との交易によって入手した鉄器とその導入によって生じた自由時間を利用して、首狩り・祭宴・カメ漁などの際に集団の構成員や生産・建設・戦闘・儀礼の専門家への支払いに使い、政治力の源泉となる貝貨の製作に注力した。

　首長はこの経済力を基盤に自分たちの威信を高めるため、大規模な首狩りを組織し始めた。頻繁に襲撃の対象となったチョイスルやサンタイザベルでは人口が激減し、人びとは集落を山間部へと移した。しかし、1893 年にこの地域を植民地化したイギリスの王立海軍が、現地人によるヨーロッパ人商人の殺害などに対抗して村の焼き討ち、カヌー小屋や戦闘カヌー（写真 2）の破壊を行った

ことにより、首狩りに必要な労力を必要とする物品や施設は甚大な被害を受けた。こうして 20 世紀初頭には、首狩りは行われなくなった。

首狩りと首長の政治戦略

　西部ソロモンでは、準世襲的な首長はメラネシアのビッグマン的な性格を持ち、彼らの影響力は家系・財力・霊力によって決まった。このため首長はその政治的な威信を、首狩り・祭宴・祖先崇拝・カツオ漁・カメ漁・交易などを主催することで高めてきた。また首長はこのような活動を通して構成員に社会経済的な恩恵を与えるのにくわえて、儀礼を通じて日常の生産・漁・健康・戦闘などにおいて祖先霊による霊力の効能を確実にする必要もあった。

　首狩りは、首長の死や首長の未亡人の服喪期間の監禁からの解放の際にも行われた。このほか、新しくつくられた戦闘カヌーやカヌー小屋、あるいは頭骨祠を、首狩りで得られた首や子供の生贄の血で濡らすことで、霊力を与える儀式においてその宗教的な義務を満たすために行われた。女性や子供の捕虜の獲得も目的であった。捕虜はコミュニティーに養子として迎えられたり、首長の労働力・召使・宗教的な生贄・祭司・儀礼的売春婦などの役割を与えられたりした。

　一方、首狩りで獲得された敵の首は、政治的な威信を獲得し、誇示する社会的・儀礼的な中心地であったカヌー小屋の垂木に並べられた。カヌー小屋は、首長が祭宴・儀式・その他の集まりを主催する場でもあり、そこに首を並べることで、首長の祖先霊の力が働いて敵よりも儀礼的に優位であることを示すのが重要であった。

　物質的・人的・霊的な資源を必要とする首狩りは、首長にとって財力と霊力を誇示することにより、政治的な威信を獲得し、自分の集団を維持するための最も重要な活動でもあった。首長の経済・儀礼・戦闘という力は、相互依存の関係にあり、首長は政治・経済活動を拡大し、交易・同盟・通婚のために社会・政治的ネットワークを広げることにより、より多くの支持者を集め、政治力を高めることができたのである。

戦闘カヌーの構造と起源

　オセアニアでは、アウトリガーを片側に持つシングル・アウトリガーカヌーが一般的であるが、ソロモン諸島では波の静かなラグーンが発達した環境に適応したと考えられるアウトリガーを持たない丸太をくり抜いた丸木舟のような

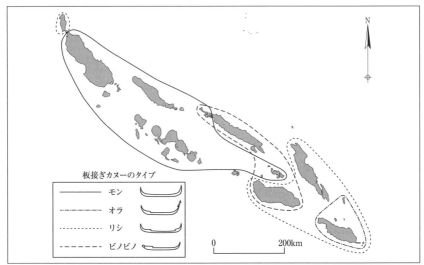

図1　4タイプの板接ぎカヌーの分布（Haddon and Hornell 1936: 83、Fig. 5 に基づき長岡作成）

カヌーが普及している。

　特にソロモン諸島北西部と隣接するビスマルク諸島のニューアイルランド島周辺の戦闘カヌーは、アウトリガーを持たず、船首と船尾が反り上がるモン・タイプと呼ばれる特徴的な構造で（図1）、竜骨・肋骨に舷側板を張り合わせる板接ぎカヌーである。全長は 9 〜 13 メートル、幅は 1.5 メートル、船首と船尾の反り上がりが 4 メートルにもわたる。20 〜 30 人の漕ぎ手が船べりの両側で漕ぐことにより、高速を出すことができた。反り上がりの部分と船体にはオウムガイの象嵌による螺鈿細工が施され、反り上がりの部分は白い貝や赤い羽根などで装飾された（口絵写真18）。反り上がりの頂部には神像の彫刻が付けられ、船首に付けられたイヌ形の頭の神像は（写真3）、悪霊から航海の安全を守った。

　このカヌーの起源はまだはっきりわかっていないが、ニュージーランドのマオリやソサエティ諸島の戦闘カヌーの船首が反り上がっているように、アウトリガーのない丸木舟から船首と船尾が儀礼的・装飾的な機能にくわえ、自分たちを誇示し、敵を威圧するために発達した可能性がある。またこのタイプのカヌーの分布は、北西ソロモン諸語の分布と大きく重なっており、2600 年前頃にこの諸語の話者であるオーストロネシア集団がビスマルク諸島から北部・西部ソロモンへ植民した際に広まった可能性もある。

写真3　戦闘カヌー模型（全長 7m）（国立民族学博物館所蔵資料 H0138277）

戦闘カヌーの役割の変遷

　西部ソロモン諸島の戦闘カヌーは、首長が組織する首狩りや戦闘にくわえ、カツオ漁やカメ漁にも使われ、首長の権力の象徴であった。優れた技術力と芸術性の結晶であったこのカヌーの建造は、霊力を持つ職人によって行われ、首長は高度な技術と多大な労働力に対して支払いが必要であった。

　20 世紀に首狩りが行われなくなると、戦闘カヌーは政府や教会の祝賀行事に使われるようになった。現在、戦闘カヌーを建造できる人が限られているため、元来秘匿とされた建造技術も若者へ継承するため公開されている。またチェーンソーを使って大木を船体に利用することにより、船体は板接ぎではなく、技術的に簡素化された丸木舟のような構造のものも増えている。このように時代とともに戦闘カヌーとその位置づけは大きく変化しつつあるが、地域や国のフェスティバルなどのイベントの際に伝統文化の象徴として重要な位置を持ち続けている。

参考文献

Haddon, A.C. and J. Hornell
　1936　*Canoes of Oceania.* Honolulu: Bernice P. Bishop Museum.
Nicholson, R. C.
　1924　*The Son of a Savage: The Story of Daniel Bula.* London: Epworth Press.
Sheppard, P. J.
　2021　Tomoko: Raiding Canoes of the Western Solomon Islands. In Specht, J., V. Attenbrow, and J. Allen (eds.), *From Field to Museum: Studies from Melanesia in Honour of Robin Torrence* (Technical Report of the Australian Museum Online 34), pp. 231–244. Sydney: The Australian Museum.

4-2　東南アジアの鳥舟・竜頭舟・コレック舟

小野林太郎

竜頭舟と鳥舟の伝統

　竜舟や竜頭舟とは文字通りに舟を竜にみたて、おもに舳先部分に竜の彫刻や絵柄を施した舟を指す。こうした竜舟や竜頭舟の起源地の第一候補は、中国南部の長江下流域である。たとえば東アジアにおける竜舟は、約3000年前の戦国時代頃にさかのぼる記録がある。とくに有名な伝承としては、楚の詩人だった屈原が川に入水自殺した際、それに気が付いた人びとが竜舟に乗って助けようとした話が知られる。この逸話から推測できるのは、当時の楚では河川などの内水域ですでに竜舟が利用されていたことである。

　竜は想像上の動物であるが、竜信仰はユーラシア大陸を中心に各地に残る。その起源がいつ頃までさかのぼるのかを論じるのはなかなか難しい。しかし、竜信仰がヨーロッパから東アジアまで広く分布していることを踏まえるなら、インド＝ヨーロッパ語族が東西の大移動を行うより以前には出現していた可能性がある。ちなみにインドのサンスクリット語で竜はナーガと呼ばれ、やはり馴染みのある存在となっている。

　東南アジアにおいては初期金属器時代期に、中国とインドの両地域から様々な文化的影響を受けた痕跡がある。宗教的にはヒンズー教や上座部仏教がインドからの影響で広まった。古代香料交易によるインド系集団の動きが強まったのもそうした背景の1つであろう。カーネリアンビーズなどインドを原産地とする石材のビーズが出現するのもこの頃だ。しかし竜舟やドラゴンボートの文化は中国を起源とし、東方から伝わった可能性が高い。

　たとえば約2000年前の雲南からベトナムで製作・利用された銅鼓には、竜頭舟に似た複数の舟が描かれる（図1）。厳密にはこれらは鳥舟、あるいは天鳥舟（船）とよばれ、乗船する人びとは鳥の羽を被る「羽人」と認識できる。竜と鳥の共通性は飛翔できる点にあり、魂の昇天信仰と深く関わるという説がある。この鳥舟伝統は、弥生時代以降の日本列島にも渡来人らによって持ち込まれた

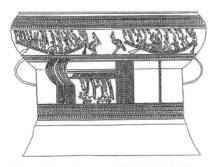

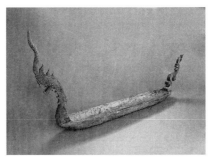

図1　中国・ベトナムの銅鼓に描かれた鳥舟
（Vietnam National Museum〔https://baotanglichsu.
vn/en〕より転載）

写真1　タイの竜頭舟模型（国立民族学博物館
所蔵資料 H0002153）

ようだ。弥生時代は、東南アジアにおける銅鼓の出現とほぼ同時代に相当するが、日本列島では銅鼓の代わりに銅鐸が好んで儀礼などに利用された。この銅鐸にしばしば描かれるモチーフに鳥がある。

　鳥舟・天鳥舟は古墳時代になると、より具象化されて古墳の壁画などに描かれるようになる。さらに記紀にも鳥舟・天鳥舟はしばしば登場してくる。鳥舟・天鳥舟の伝統は、民族学においても古くから注目されてきた（松本1956など）。

　現在は競技としても有名なドラゴンボートであるが、竜頭舟の出現やその儀礼的要素の背景には、こうした人びとの精神世界があったことは間違いない。ドラゴンボートやその競技は、東南アジアにおいては大陸部のカンボジアやベトナム、タイでより一般的にみられる。国立民族学博物館にある竜舟はタイで収集されたその小型模型と推測されるが（写真1）、木彫で表現された竜の頭部と尾部が美しい一品でもある。

マレー世界の鳥舟—プルタラ・インデラ

　近世・近代以降における鳥舟の事例としては、マレーシアのプルタラ・インデラ舟がある。この鳥舟は先に紹介した竜頭舟やその背後にある鳥舟伝統とはまた系統が異なっている。

　この舟は、マレー半島東岸の中でも特にクランタン州におけるマレー文化と密接にかかわる重要かつ伝統的な船舶の1つである。この鳥舟は、20世紀初頭のクランタンにおけるスルタン・ムハンマド4世がインドを起源とする鷲の神様「ガルーダ」を模して造らせた大型の山車に由来する。この山車はイスラームの影響を受けた王族たちによる割礼儀式の際に利用されたが、それを模した

写真2　プルタラ・インデラ舟の模型（国立民　　写真3　コレック舟（国立民族学博物館所蔵資
族学博物館所蔵資料 H0172895)　　　　　　　料 H0125529)（2022 年、小野林太郎撮影）

鳥舟は洪水の際、クランタン河を行き来する時などに利用された。

　つまり、この鳥舟は中国を起源とする竜頭舟や鳥舟信仰の伝統ではなく、む
しろインドを起源とするバラモン・ヒンズー教的な信仰を由来としている。さら
に言えば、20 世紀初頭のマレー社会はすでにイスラーム化が進み、割礼儀式
などもイスラームによる宗教・文化的影響のもとに行われていたものである。
プルタラ・インデラ舟はマレーシアにおける、そうしたインド的要素とイスラー
ム的儀礼が融合した結果として生まれた舟とも認識できよう。

　さて、オリジナルのプルタラ・インデラ舟は、約 20 人が乗船できるほどのサ
イズだったようだ。マレーシアのクランタン州立博物館には、実物大のプルタ
ラ・インデラ舟が保管・展示されている。一方、国立民族学博物館に所蔵され
ている資料（写真2）は、20 世紀前半に実際に利用された舟を忠実に模して 1980
年代に製作されたと推測される模型である。

　この模型は、クアラ・ルンプールにあるマレーシア国立博物館やクランタン
州立博物館、パハン州立博物館、マラッカの民族学博物館にあるプルタラ・イ
ンデラ舟模型との共通性が極めて高い。マレーシアにはその他に類似した舟が、
スランゴール州のシャー・アラム博物館やジョホール州の漁民博物館にも収蔵・
展示されている。合計 8 隻のうちの 7 隻は模型舟であり、同じ作者によって
1970〜1980 年代にかけてクランタン州で製作された。両者の共通性や模型舟で
ある点を考慮すると、本館資料も同じ作者によって製作された可能性が極めて
高い（Nasrulamiazam 2022)。

マレー世界における漁船—コレック舟

　マレー世界に特徴的なもう 1 つの舟がコレック舟である。マレー半島におけ

るコレック舟は、主にその東岸に位置するクランタン州やトレンガヌ州、さらに現在は国境によって隔てられた南タイのナアティワット州で漁船として利用されてきた（Rohaizat 2022）。その一番の特徴は極彩色豊かな装飾にある（口絵写真19）。この舟は鳥舟信仰とは関係がないが、もともとはインドネシアのスマトラ島沿岸などでも近世期以降に漁船として活躍してきた舟の1つである。

　国立民族学博物館にも、1984年に南タイで収集された美しいコレック舟が所蔵されている（写真3）。極彩色豊かな装飾と並び、コレック舟が持つもう1つの特徴が、バンガウ（bangau）と呼ばれる帆の固定具やオコック（okok）と呼ばれる錨置き具などの木彫装飾にある。また興味深いのは、これらの木彫として描かれるモチーフの多くが鳥であることだ。コレック舟は厳密には鳥舟ではないが、バンガウやオコックにみられる図像は、現代にまで続くオーストロネシア語族のカヌーや舟の伝統と、鳥信仰の名残りともみてとれる。

参考文献
松本信弘
　　1956『日本の神話』至文堂。
Nasrulamiazam, N.
　　2022　Pertla Indera Boat: Historical and Cultural Aspects of Bird-Themed Boasts in Kelantan, Malaysia. *Bulletin of the National Museum of Ethnology* 47(1): 39–62.
Rohaizat, W.
　　2022　Structure, Building, and Conservation of Kolek Boats as Malay Traditional Boats. *Bulletin of the National Museum of Ethnology* 47(1): 19–38.

4-3　精霊舟の信仰—崖葬墓と船棺葬

小野林太郎

「あの世」の場所と弔いのあり方

　私たちは死んだらどこにいくのだろう。天国や死者の国があるとしたら、それはどこにあるのだろうか。人間であれば誰しもそんな疑問を持ったり、考えたりしたことが一度はあるのではないだろうか。これは海辺や島世界に暮らした人びとも同じである。ただし、人びとが想像した「あの世」には、しばしば海がその舞台となることが多かった。琉球列島におけるニライカナイの信仰も、海の向こうにあの世があるという思想に基づいている。

　海のその彼方に「あの世」があるとしたら、死者はどのようにしてそこに辿り着けるのか。私たちがまず思いつくのは船、あるいは舟であろう。このためか海域アジアには先史時代より、死者の霊が舟に乗ってあの世へと導かれるという信仰が存在した。日本列島を含む東アジアから東南アジアにかけて、先史時代に広く普及した葬法に船棺葬がある。

　現在、最も古い事例の多くは中国の新石器時代期にまでさかのぼり、中国南部がその起源地となる可能性がある。初期の船棺葬は刳り船（あるいは丸木舟）を木棺として再利用したもので、木棺ごと土葬する方法と崖から吊るす崖葬（がいそう）が主流だった（辻尾 2010）。船棺葬は前節で紹介した鳥舟や天鳥舟の信仰とも関連性が高く、東南アジアの島嶼部や日本列島においては、とくに金属器とセットで大陸より伝わったと考えられる。日本では弥生時代以降の銅鐸や、古墳時代の古墳壁画や舟形石棺、舟形埴輪などに見いだせる。

　そうした行為の背景には、霊魂が昇天する際に崖のように高いところが優位であるとする昇天信仰との関係も指摘されており、人びとの精神世界を考える上で興味深い葬法だ。この場合、「あの世」は空の上にあるということになり、海や空の彼方というのが、一般的に私たちがイメージする天国や「あの世」の位置なのかもしれない。

写真1　ジャワ島で収集された土製精霊舟（国立民族学博物館所蔵資料 H0166648）

図1　マヌングルジャーに描かれた舟と人間像（Fox 1970: 114, Fig.34）

海域アジアにおける船棺葬と精霊舟信仰

　日本では弥生時代後期の大阪府茨木市の東奈良遺跡や、奈良県の巣山古墳から出土した事例が知られる。前者は刳り舟を再利用した可能性があるが、後者は準構造船とよばれる古墳時代以降に日本で利用されるようになった舟形埴輪だった。舟形埴輪はその他の古墳からも多数出土している。埴輪の舟が副葬品として葬られたのも、人びとが「あの世」への移動にそれらが必要だと想像していたからではないだろうか。

　さて現代に目を転じてみると、舟形木棺の崖葬事例は東南アジア島嶼部の民族誌に多い。さらに木棺だけでなく、東南アジア島嶼部の各地には精霊舟信仰もある。これは死者の霊が舟に乗ってあの世へと導かれるという信仰だ。それらはやはり新石器時代の船棺葬や舟形石棺までさかのぼる可能性がある。その1つの痕跡として、フィリピン諸島のパラワン島に位置するマヌングル洞穴で収集された「マヌングルジャー」と呼ばれる甕棺が知られる。現在、この甕棺は国宝として、フィリピン国立博物館に展示されているが、その蓋部分には「死者の舟」と呼ばれる1隻の舟が装飾され、2人の人間が表現されている。

　このうち正面に座り、手を交差している方が死者とされ、後部に座る1名は櫂を漕いでいる（図1）。この甕棺は洞穴の床に保管される状態で発見されたが、遺跡から出土した炭化物の年代は約2800年前であった（Fox 1970）。ボルネオ島などインドネシアの島々にも木製や土製の精霊舟は多く残っており（写真1・2）、

写真2　ボルネオ島で収集された木製精霊舟
（国立民族学博物館所蔵資料 H0168138）

写真3　北トラジャ県ロンダの船形木棺（エロ
ン）（1984年、山下晋司撮影・提供）

前節で紹介している竜頭舟やドンソン銅鼓に描かれる天鳥舟との関係性も含め、島世界に生きた人びとの精神世界を垣間見ることができるのである。

スラウェシ島における舟形木棺と崖葬墓

　スラウェシ島のトラジャ族の事例のように、今でも舟形木棺や崖葬墓が残る洞窟も少なくない。トラジャの墓は崖葬墓（リアン）と呼ばれるものである。1980年代にトラジャの葬送について精力的な調査を展開した山下晋司によれば、これらは自然洞窟を利用したものと、岩壁に横穴を掘って作ったもの（壁龕墓）に分けられる（口絵写真20）。壁龕墓は十数メートルの高所に掘られることが多い。遺体は布などに覆われ、ロープや梯子を利用して運ばれ、納められる。葬法としては風葬となり、納められた遺体は自然にミイラ化していく。崖葬墓の近辺には、古いタイプの船形木棺（エロン）も多く（写真3）、葬儀で遺体を運ぶのに使われた慣習家屋の形をした台架（サリガン）や副葬用人形（タウタウ）などが置かれ、祖先祭（マネネ）などの際には供え物が捧げられるという（山下2021）。

　筆者は近年、スラウェシ中部の洞窟群で考古学的な発掘を行っているが、この地域にもかつて崖葬が盛んにおこなわれた痕跡が多数ある。石灰岩の切り立った崖の下にある岩陰や洞窟では、木棺や無数の人骨が散らばっており、かつてこれらの洞窟・岩陰がお墓として利用されていたことを物語っている。発掘中のトポガロ洞窟群でも30体以上の木棺が確認された。これらは舟形ではないが、他の洞窟には舟形木棺も確認されている。木棺の破片や木棺内に残る人骨片から得られた炭素年代値は200〜300年前を示した。中スラウェシでも近世期までは、トラジャのような木棺葬や崖葬が行われていたようだ。

　さらに洞窟内では二次葬と考えられるような、バラバラで解剖学的位置を伴

わない人骨片が上層部より多数出土した。これらの人骨片は、副葬品と考えられる土器やイモガイの貝製装飾品と共に出土し、貝製品や人骨から得られた炭素年代の結果、約 2000 年前の初期金属器時代のものであることが判明した。

琉球列島における崖葬墓

　家形の土器や石棺に納骨する風習も、琉球諸島を含む海域アジアには広く存在していた。琉球列島では、琉球王国時代にさかのぼる家形の蔵骨器となる厨子甕が知られる。同じく洗骨を伴う風葬や複葬の伝統も有名で、20 世紀半ば頃までは一般的だった。琉球列島には多様な葬墓文化が存在するが、その中でもかなり古いと考えられているのが、崖葬墓である（片桐 2014）。

　琉球列島の崖葬墓は、その多くが洞窟や岩陰を墓域として利用したもので、琉球列島の各地で確認されている。民族誌的にはとくに離島域となる先島諸島で、洗骨を伴わない風葬墓が報告されてきた。近年、こうした風葬墓としても知られる洞窟や岩陰で、考古学的な発掘も行われており、風葬墓の伝統がかなり古い時代から存在したことがわかってきた。

　たとえば宮古島の長墓とよばれる岩陰遺跡には、近世期の風葬墓とされる多数の人骨が岩陰の壁面付近に集中的に散らばり、墓域の境界を示す石垣も確認できる（第 4 章コラム写真 1 を参照のこと）。発掘調査では、その土中により古い時代の複葬の痕跡や人びとの活動痕跡が確認され、風葬とは断定できないが、遅くとも 2500 年前には岩陰の利用が始まっていたことが明らかになった。さらに石垣島の白保竿根田原洞遺跡からは、約 2 万 4000 年前にさかのぼる更新世期の層から 20 体ちかい人骨が出土した。このうちの少なくとも 4 個体が完形人骨で、出土状況から洞窟内の岩場に複葬されたと考えられている。

　これらの詳細については、第 4 章コラムでも紹介されるが、崖葬墓や船棺葬が海域アジアでは古くまでさかのぼる葬墓文化の 1 つであることを改めて示唆している。洞窟や岩陰が墓域として好まれた理由は、地域によって様々だったかもしれない。しかし、切り立った崖や光の届かない内部へと通じる洞窟に、私たち人類は、この世とあの世の境界というイメージを重ね合わせてきたのかもしれない。崖葬墓の存在は、私たち人類が「あの世」をどう想像してきたのかを考える上でも実に興味深い。

4 章　舟と仮面

参考文献

片桐千亜紀

　　2014　「琉球列島における先史時代の崖葬墓」高宮広土・新里貴之編『琉球列島先史・
　　　　　原史時代の環境と文化の変遷』143–156 頁、六一書房。

辻尾榮一

　　2010　「舟・船棺起源と舟・船棺葬送に見る刳舟」『人文学論集』28: 125–161。

山下晋司

　　2021　「トラジャの葬墓文化」『月刊みんぱく』45 (5): 7–8。

Fox, R.B.

　　1970　*Tabon Caves*. Manila: Philippines National Museum.

4-4　仮面にみる精神世界と海の資源

藤井真一

ニューギニア島の造形物と人びとの暮らし

　南西太平洋（メラネシア）に位置するニューギニア島の造形物、とりわけパプアニューギニア北部沿岸地方の仮面や神像、戦闘用の盾、カヌーの舳先（へさき）飾りなどにみられる民族美術は「セピック美術」と呼ばれ、世界的に高く評価されてきた。本稿では、セピック美術の例としてよく挙げられる仮面を手掛かりとしながら、現地の人びとの精神世界と海の資源について紹介する。

　ニューギニア島には700を超える言語集団が暮らしている。そのうち、ニューギニア島の北東部を流れるセピック河流域には約200もの異なる言語集団が暮らしているといわれる。セピック河は数多の支流が流れ込みながら蛇行する全長1000キロメートル以上の大河である（図1）。流域には大小さまざまな湖沼があり、それらを小さな水路が網目状につないでいる。海抜がせいぜい数十メートルしかないセピック河流域は広大な低湿地だ。雨季に増水すれば川の流れが絶えず変化し、洪水によって陸地が水没したりもする。こうした自然環境において、セピック河流域の人びとは頻繁な集落移転を余儀なくされるとともに、比較的閉鎖的で小規模な集団に分かたれてきたといえる（神谷1997）。

霊に満ちあふれた島の仮面と神像

　ところで、パプアニューギニアでは、いたるところに霊的存在が満ちあふれているといわれる。たとえば、祖先たちの霊や死者たちの霊、そのほかにも樹木や石といった自然物に宿る精霊などが有名だ。祖霊であれ死霊であれ精霊であれ、これらの霊的存在は不意に現れては人びとに害をもたらす邪悪なものと考えられている。パプアニューギニアの人びとは、ときに交感し、ときに協調し、ときに畏怖して崇めながら、これらの霊たちとともに暮らしてきた（山田1989）。パプアニューギニアの仮面は、こうした目に見えない霊的存在を具現化したものでもある（写真1）。

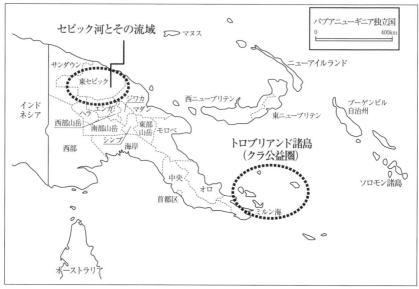

図1　ニューギニア島とセピック河流域の位置

写真2　「ハウスタンバラン」と呼ばれる精霊堂の一例（出典4頁 PNG National Museum 1988, p.48, Wangan, no.177）

写真1　舞踏用仮面（Mai）
（国立民族学博物館所蔵資料 H0164885）

　現地の人びとによれば、精霊の仮面は、その物だけでは魂のない抜け殻のようなものでしかなく、人が身に着けて踊ることによって初めて人びとに精霊の存在を知覚させるものだという。つまり、仮面は、造形の美しさを追求する芸術作品としての側面よりもむしろ、精霊や祖霊といった霊的存在を目に見える姿で現前

させる宗教的な装置としての側面が重視されている物なのだ (神谷 1999)。

　仮面は、誕生祝いや新築祝い、成人、婚礼、葬送など、さまざまな機会に催される儀礼の舞踏で使用される。また、ある種の仮面は集落の中央に建てられた精霊堂の装飾として用いられる。精霊堂は、パプアニューギニアの共通語であるピジン語で「ハウスタンバラン」と呼ばれ、通過儀礼を受けた成人男性しか立ち入りが許されない (写真 2)。この建物にはたくさんの霊的存在が宿るとされ、仮面や神像、儀礼用の楽器などが保管される場所でもある。

　精霊堂を支える中央の柱のそばには「演説者の椅子」と呼ばれる神像付きの椅子が置かれている (口絵写真 21)。この椅子は、精霊堂の中に集った成人男性たちによる儀礼的な演説合戦で用いられる。ただし、人が腰かける椅子としてではなく、ユリ科やアヤメ科の植物の束を打ち付ける台座として用いられるのだという。背もたれ部分には祖先霊 (男性) の怒れる顔が表現されており、鰭 (ひれ) 状の足が施された脚部は水の精霊 (女性) をあらわしている。たくさんの霊的存在が宿るとされる精霊堂と仮面や神像は切っても切り離せない関係にある。

仮面や神像にみられる海とのつながり

　セピック河流域の仮面や神像をよく見てみると、言語集団によってさまざまな様式が認められるものの、ある共通した特徴もみられる。それは、異様なまでに細長く表現された顔の造形に加えて、目の部分にタカラガイやムシロガイ、イモガイといった小型の貝殻があしらわれていることである (写真 3)。

　セピック河流域を含めニューギニア島の内陸部に暮らす諸集団にとって貝は貴重なものであった。貝はブタとともに富の象徴とされ、貨幣の役割を果たすものでもある。先に述べたように、セピック河流域は交通が大変不便なところだ。ヨーロッパ世界との接触以前の内陸部において、貝は、海岸部に暮らす諸集団から隣接集団との交易の連鎖を通じてのみ得られる貴重なものであり、それゆえ高い社会的価値を与えられるものでもあった (豊田 2000)。こうした事情は現在でも変わりなく、セピック河中流域の社会に関する調査報告に「貝は都市部のマーケットでしか購入できない」との記述もある (坂本 2015)。

　霊的存在をかたどっている仮面や神像の目の部分にのみ貴重な貝殻を使用しているものが多いということは興味深い。これは、ニューギニア島内陸部における貝そのものの稀少性によると考えられるかもしれない。一方で、こうした貴重な貝殻が仮面の輪郭を縁取る形でふんだんに使用されている仮面もある。とくにこうした仮面はセピック河中流域の諸集団の仮面に多いようだ。

写真3　神像の顔部分にみられる海の貝装飾。目はイモ
ガイ、髭と鼻の周囲はムシロガイ、鼻から突きでている
のはイノシシのキバ（国立民族学博物館所蔵資料［左］
H0010329、［右］H0164883）

　多種多様な霊的存在に取り囲まれて日常生活を営んできたセピック河流域の
人びとにとって、それらに形を与える仮面や神像に貴重な海の資源を使用する
ことは、潜在的に邪悪な存在である霊的存在（超自然的な力）を畏怖し、敬意を示
すことをあらわしているといえよう。世界で2番目に大きいニューギニア島で
は、生態環境などの制約から海を臨む機会などほとんどないように思われる人
びとであっても、その精神世界を表現した造形物の中に海のある暮らしを垣間
見ることができるのである。

参考文献

神谷麻俊
　1997　「セピック川流域の民族文化」塩沢町立今泉博物館編『パプアニューギニアの
　　　　祖霊・精霊像―収蔵品目録Ⅱ』153–156頁、財団法人塩沢町文化・スポーツ事
　　　　業振興公社。
　1999　「パプアニューギニアの仮面」塩沢町立今泉博物館編『パプアニューギニアの
　　　　仮面―収蔵品目録Ⅲ』229–232頁、財団法人塩沢町文化・スポーツ事業振興公社。
坂本一真
　2012　「パプアニューギニア、セピック地方ニャウラ社会における仮面に関する人類
　　　　学的研究―仮面の物質的側面に注目して」『Μεταπτυχιακά 名古屋大学大学院文
　　　　学研究科教育研究推進室年報』6: 188–192。
豊田由貴夫
　2000　「メラネシア史」山本真鳥編『オセアニア史』221–262頁、山川出版社。
山田陽一
　1989　「ニューギニアの霊とかたち」天理大学・天理教道友社共編『パプアニュー
　　　　ギニア』（ひとものこころ―天理大学附属天理参考館蔵品第3期第1巻）
　　　　174–177頁、天理教道友社。

コラム：琉球列島の崖葬墓

片桐千亜紀

　沖縄には古来より遺体を「風葬」する思想が根付いているようだ。それをこれから説明していこう。東アジアに属する琉球列島から東南アジア島嶼海域で広く普及した葬墓制のひとつに崖葬墓（がいそうぼ）がある。崖葬墓とは洞穴や岩陰を墓とし、死後、遺体を地中に埋めるのでなく、地面に置いた状態で「風葬」して骨化させ、骨化後も遺骨は地中に埋めずに地上に安置して墓とする葬墓制である。遺体は集団規模で次々と同じ場所に葬られるため、長い年月を経ると、結果として数人〜数十人が葬られた墓となる。そしてそのように利用された洞穴や岩陰は、おびただしい数の白骨がゴロゴロと散乱する壮絶な景観となる。

　一方、沖縄以外の日本人が伝統的にイメージする墓は土葬墓であろう。「土葬」とは、死後、遺体を地中に埋めて骨化させるもので、通常はその上に墓標となる墓石を立てて「墓」とする。墓の話や人を葬る時につい口から出てくる言葉「遺体を埋葬する」には、実は地中に埋めるという意味が無意識に含まれており、沖縄のように遺体を風葬する文化が根付いた地域では、埋葬という単語がしっくりこない。言葉が定義される背後にはその思想が反映されることを物語る良い例だ。

　崖葬墓は沖縄では風葬墓（ふうそうばか）とも呼ばれ、琉球王国時代（1429〜1879年）に隆盛を迎える。墓の形には、亀甲や破風タイプの構造物を取り付けたものや、石を積み墓口を塞いだだけのものなどがあるが、重要なのはその外見ではなく、洞穴や岩陰を墓としていることだ（口絵写真22）。そして、遺体は墓の中で風葬し、骨化後は蔵骨器に入れて再葬されるか、イケなどと呼ばれる空間に他の人骨と一緒に合葬される。その存在は、琉球王国時代を遡り、グスク時代（中世）をこえて先史時代から存在することがわかってきている。洞穴や岩陰の発掘調査を行うと、複数体分のバラバラの人骨が集骨・合葬されている崖葬墓が様々な島で発見される（写真1）。

　もちろん、先史時代やグスク時代には崖葬墓だけでなく、遺体を地中に埋めたり、火葬をしたりなど多様な葬墓制が存在した。大事なことは、前述した特徴を持つ崖葬墓が先史時代から脈々と続いており、多様な葬墓制の中から琉球王国時

写真 1　縄文時代の崖葬墓（具志川島岩立遺跡西区、片桐千亜紀撮影）
約4000年前。狭い岩陰を利用した崖葬墓。ほとんどの人骨がバラバラだっ
たが、一部、解剖学的位置関係を保つ人骨も見つかったため、ここで風
葬されたことが明らかとなった。少なくとも 14 体が合葬されている。

代には崖葬墓が主流となるに至ったことだ。時代を経るにつれ、墓を石積みで区
画したり、墓口を塞いだり、破風・亀甲タイプの構造物を取り付けたり、遺骨を
洗骨して蔵骨器に納めたりするようになるが、一連の行為の根底に流れているも
のは洞穴・岩陰の墓、そして風葬である。

　近年、そんな沖縄の崖葬墓文化が旧石器時代にまで遡ると考えられる遺跡が発
見された。石垣島の白保竿根田原洞穴遺跡である。洞穴からは約 20 体もの旧石
器時代の人骨が発見され、その内、約 2 万 7000 年前の年代値が得られた最も古
い 4 号人骨は屈葬されてヒトの形をかろうじて保っていたものの、関節などは外
れてバラバラとなっており、明らかに風葬されたと考えられるものだった。他に
も屈葬と風葬を示唆する状態の人骨や骨化後に二次的に動かされ壁際に合葬され
た複数体分の人骨が発見されるなど、旧石器時代には後の時代に受け継がれてい
くような崖葬墓文化がすでに存在した可能性は高い。

　このような崖葬墓文化は日本本土の伝統的な葬墓制にはなじまない。意外なこ
とに、琉球列島よりさらに南の島々である東南アジア島嶼部にその類似性を見る
ことができる。そこには琉球列島とそっくりな崖葬墓がある。スラウェシ島のタ
ナ・トラジャでは、岩陰や洞穴を墓とし、バラバラの遺骨を複数体分まとめて合
葬する葬墓制が民族事例として存在する（写真 2・3）。蔵骨器の中に複数体の遺骨
を合葬するものもあれば、蔵骨器を用いずに壁際に集骨・合葬するものもある。
さらに民族事例だけではなく、スラウェシ島東部やマルク諸島のハルマヘラ島で
は約 2000 年前の洞穴や岩陰の遺跡からも、やはり多量のバラバラの人骨が集骨・
合葬された崖葬墓が発見されており、琉球列島のように先史時代から今日まで続

写真2　タンパガロ洞穴の崖葬墓（スラウェ
シ島タナ・トラジャ、片桐千亜紀撮影）
骨になった後の遺骨を壁際に合葬している。
頭骨が目立つが、体の骨も一緒に集めてい
る。観光用に派手な演出をしていることも考
えられるが、遺骨を地下に安置せずこのよう
に洞穴や岩陰に安置するのはその集団に崖葬
墓文化が根付いていることを示している。

写真3　ケテ・ケスの崖葬墓（スラウェシ島
タナ・トラジャ、片桐千亜紀撮影）
岩陰に置かれた船型の蔵骨器に多数の遺骨
が合葬されている。いずれも解剖学的位置
を保っていないため、何処かで骨になった
後で、この蔵骨器に再葬されたことがわか
る。遺骨を二度三度と動かして手厚く再葬
するのも崖葬墓の特徴。

く葬墓制である可能性が高まってきている。

　崖葬墓文化は熱帯〜亜熱帯島嶼部という共通した気候的・地理的条件によって
人類に精神的に選択させる葬墓制なのかもしれない。もしかしたら、そもそも琉
球列島に移住した人類が保持していた基層文化である可能性もある。時空間を超
え、文化的な境界を越えて海域世界に存在する崖葬墓文化、その広がりと歴史を
さらに探っていきたい。

おわりに

　本ブックレットは、序章でも記したように 2022 年 9 月〜 12 月にかけて国立
民族学博物館で開催された企画展『海のくらしアート展―モノからみる東南ア
ジアとオセアニア』に基づき、大きく 4 つのテーマから人びとの海の暮らしに
関わる物質文化や精神世界について紹介することを目的としてきた。紙面の関
係もあり、企画展で展示した 300 点近い資料の一部しかここでは紹介できなかっ
たが、中でもお薦めの資料やテーマを厳選したつもりである。
　また各テーマや資料については、国内でもっとも適任と思える方々に執筆頂
いた次第である。さらに執筆者の方々には、できるだけ多くの写真や図を揃え、
面白く分かり易い内容となるよう再三お願いし、皆さんには快く対応して頂く
ことができた。執筆者の中には企画展の実行委員メンバーだった方も少なくな
いが、展示で紹介したテーマや資料の魅力や面白さの一端を感じて頂けたこと
を願っている。そしてこれらの資料の多くは、大阪の万博記念公園にある国立
民族学博物館（略して民博）に所蔵されており、その一部は常設展でも観て頂く
ことが可能である。もし少しでも興味を持たれた方は、ぜひ民博にも遊びに来
て頂きたい。
　さて本ブックレットには、2022 年度からスタートした人間文化研究機構のグ
ローバル地域研究プログラムの下、国立民族学博物館、京都大学アジア・アフ
リカ地域研究研究科、東洋大学アジア文化研究所、東京都立大学人文社会研究
科の 4 拠点からなる海域アジア・オセアニア研究プロジェクト（Maritime Asian and
Pacific Studies/ 以下では MAPS プロジェクト）における研究成果の一部も反映されてい
る。執筆者の中には、この MAPS プロジェクトの研究メンバーも少なくない。
とくに本書での「海からの視点」や東南アジアとオセアニアという 2 つの地域
を、「オーストロネシア語群に属する言語を話す人びとが暮らす地域としてみる
視点」からの整理や検討にその性格が色濃く表れている。
　企画展の目的とも共通するが、本書でさらに意識したのは、海域東南アジア
やオセアニアと同じく島世界である私たちの日本列島や琉球列島もマクロな人

類史的な視点からみれば、多くの共通性を持っている点である。とくに海との暮らしの中には、先史時代から貝製品の多様性や漁具における共通性などを垣間見ることも可能である。本書でも沖縄県立博物館・美術館や沖縄県立埋蔵文化財センター、国立科学博物館の協力によりその貴重な所蔵資料の一部を紹介させて頂いた。また編者が所属する国立民族学博物館からも所蔵資料の写真を多数提供してもらった。これら協力頂いた機関・関係者に改めてお礼する次第である。

　企画展は 2022 年に終了したが、MAPS プロジェクトはまだ始まったばかりである。このブックレットにおける成果や各メンバーが進行中の研究をさらに前進させ、その成果をまた紹介できれば幸いである。最後に本ブックレットの編集を手掛けてくれた風響社の石井雅さんにも感謝したい。

　なお本書の刊行にあたっては、人間文化研究機構機関研究プロジェクト海域アジア・オセアニア研究国立民族学拠点の助成を受けた。

編者

執筆者紹介（50音順）

秋道智彌（あきみち　ともや）
1946年生まれ。
山梨県立富士山世界遺産センター所長。
東京大学理学系研究科人類学博士課程・単位修得満期退学。
主な業績に『霊峰の文化史』（勉誠出版、2023年）、『明治〜昭和前期漁業権の研究と資料』（全2巻）（臨川書店、2021年）、『たたきの人類史』（玉川大学出版部、2019年）、『サンゴ礁に生きる海人―琉球の海の生態民族学』（榕樹書林、2016年）。

印東道子（いんとう　みちこ）
国立民族学博物館名誉教授。
オタゴ大学大学院博士課程修了、Ph.D.（人類学）。
主な業績に『島に住む人類―オセアニアの楽園創世記』（臨川書店、2017年）、『南太平洋のサンゴ島を掘る』（臨川書店、2014年）、『オセアニア―暮らしの考古学』（朝日新聞社、2002年）。

片桐千亜紀（かたぎり　ちあき）
沖縄県教育庁文化財課。
沖縄国際大学卒。
主な業績に「白保竿根田原洞穴遺跡」『季刊考古学　洞窟遺跡の過去・現在・未来』151（2020年）、「崖葬墓文化の起源を探る」『図書』2（2019年）、「更新世の墓域は語る」『科学』6号（共著、2017年）。

後藤　明（ごとう　あきら）
1954年生まれ。
南山大学人類学研究所特任研究員。
ハワイ大学Ph.D.（人類学）。
主な業績に『環太平洋の原初舟―出ユーラシア人類史学への序章』（南山大学人類学研究所、2023年）、『世界神話学入門』（講談社、2017年）、*Cultural Astronomy of the Japanese Archipelago*（Routledge, 2021）。

辻　貴志（つじ　たかし）
1973年生まれ。
アジア太平洋無形文化遺産研究センター・アソシエイトフェロー。
神戸学院大学大学院人間文化学研究科博士課程修了、博士（人間文化学）。

主な業績に *Prehistoric Marine Resource Use in the Indo-Pacific Region*（分担執筆、Australian National University Press、2013年）、『鳥と人間をめぐる思考―環境文学と人類学の対話』（分担執筆、勉誠出版、2016年）、『野生性と人類の論理―ポスト・ドメスティケーションを捉える4つの思考』（分担執筆、東京大学出版会、2021年）、『生態人類学は挑む Session 3　病む・癒す』（分担執筆、京都大学学術出版会、2021年）。

長岡拓也（ながおか　たくや）
1968年生まれ。
NPO法人パシフィカ・ルネサンス代表理事。
オークランド大学人類学部博士課程修了、Ph.D.（人類学）。
主な業績に New Information from an Old Discovery: Geological Analysis of a Stone Adze Found on Pohnpei, Micronesia（*The Journal of Island and Coastal Archaeology* 18(1), 2023）、Obsidian Point Discovered on Kapingamarangi Atoll, Micronesia: Implications for Post-settlement Regional Interactions（*Waka Kuaka: The Journal of the Polynesian Society* 131(4), 2022）、Western Culture Comes from the East: A Consideration of the Origin and Diffusion of the Micronesian Marching Dance（*People and Culture in Oceania* 22, 2007）。

藤井真一（ふじい　しんいち）
1981年生まれ。
国立民族学博物館助教。
大阪大学大学院人間科学研究科人間科学専攻単位修得退学、博士（人間科学）。
主な業績に『生成される平和の民族誌―ソロモン諸島における「民族紛争」と日常性』（大阪大学出版会、2021年）、『かかわりあいの人類学』（分担執筆、大阪大学出版会、2022年）、『太平洋諸島の歴史を知るための60章―日本との関わり』（分担執筆、明石書店、2019年）。

藤田祐樹（ふじた　まさき）
1974年生まれ。
国立科学博物館人類研究部人類研究主幹。
東京大学大学院理学系研究科生物科学専攻博士

98

課程修了、博士（理学）。
主な業績に『南の島のよくカニ食う旧石器人』（岩波書店、2019 年）、Advanced Maritime Adaptation in the Western Pacific Coastal Region Extends Back to 35,000-30,000 Years before Present（with Yamasaki, S. et al., *Proceedings of the National Academy of Sciences* 113(40)）、『ハトはなぜ首を振って歩くのか？』（岩波書店、2015 年）。

宮澤京子（みやざわ　きょうこ）
1966 年生まれ。
海工房。
上智大学文学部フランス文学科卒。
主な業績に「カヌーはヒト、ヒトはカヌー」『月刊みんぱく』46(10)（2022 年）、「オセアニアのカヌー　映像記録について」『環太平洋海域における伝統的造船技術の比較研究』（国際常民文化研究叢書 5）（分担執筆、2014 年）。

門田　修（もんでん　おさむ）
1947 年生まれ。
海工房代表。映像ディレクター。
東京都立国立高等学校中退。
主な業績に『海が見えるアジア』（めこん、1996 年）、『海のラクダ―木造帆船ダウ同乗記』（中央公論社、1980 年）、『漂海民―月とナマコと珊瑚礁』（河出書房新社、1986 年）。

門馬一平（もんま　いっぺい）
1987 年生まれ。
国立民族学博物館海域アジア・オセアニア研究拠点特任助教。
北九州市立大学社会システム研究科修了、博士（学術）。
主な業績に「意味生成の贈与論―パプアニューギニア・ルイジアード群島サイサイ地域の贈与儀礼についての人類学的研究」（北九州市立大学、2018 年）、『SAGAE―パプアニューギニアにおける贈与儀礼の記憶』（映像発表、2019 年）、「死者の「存在」を刻む―パプアニューギニアにおける死と贈与儀礼」『季刊民族学』186（2023 年）。

山野ケン陽次郎（やまの　けんようじろう）
1983 年生まれ。
熊本大学埋蔵文化財調査センター助教。
熊本大学大学院社会文化科学研究科博士後期課程修了、博士（文学）。
主な業績に『先史マリアナ諸島における貝製品の研究』（熊本大学埋蔵文化財調査センター、2022 年）、「交流と交易」『南島考古入門―掘り出された沖縄の歴史・文化』（分担執筆、ボーダーインク、2018 年）、「東ミクロネシアにおける人類の移住年代と貝利用―ポーンペイ島での最近の発掘成果より」『東南アジア考古学』41（分担執筆、2021 年）。

編者紹介

小野 林太郎（おの　りんたろう）
1975 年生まれ。
国立民族学博物館准教授。
上智大学大学院地域研究専攻修了、博士（地域研究）。
主な業績に、*Pleistocene Archaeology: Migration, Technology, and Adaptation*（共編著、IntecOpen、2020 年）、『海の人類史—東南アジア・オセアニア海域の考古学　増補改訂版』（雄山閣、2018 年）、『海民の移動誌—西太平洋のネットワーク社会』（共編著、昭和堂、2018 年）、*Prehistoric Marine Resource Use in the Indo-Pacific Regions*（共編著、ANU Press、2013 年）、『海域世界の地域研究—海民と漁撈の民族考古学』（京都大学学術出版会、2011 年）など。

モノからみる海域アジアとオセアニア　　海辺の暮らしと精神文化

2024 年 3 月 15 日　印刷
2024 年 3 月 25 日　　発行

編　者　小野　林太郎

発行者　石　井　　雅

発行所　株式会社 風響社

東京都北区田端 4-14-9　（〒 114-0014）
Tᴇʟ 03（3828）9249　振替 00110-0-553554
印刷　モリモト印刷